BOOKS on DEMAND

Donnevert Seifert
& Borgwardt

Edition

De Winter

Valerian DeWinter - Zuerst Valerian, 2. erweiterte Auflage

Bibliografische Information der Deutschen Nationalbibliothek:
Die Deutsche Nationalbibliothek verzeichnet diese Publikation in der Deutschen
Nationalbibliografie; detaillierte bibliografische Daten sind im Internet über
http://dnb.d-nb.de abrufbar.

© 2015 Valerian DeWinter
© 1991-2014 Olaf Wagner Verlag – Der Verlag mit dem Tintenklecks
Die erste Auflage erschien unter ISBN 978-3-9802248-0-2

Satz und Layout: Donnevert Seifert & Borgwardt, Frankfurt am Main
Fotos: Marco Stirn (32/33), Archiv des Autoren
Lektorat: Ilka Drögemeier
Vorwort: Willy Roes

VAL8-003

Herstellung & Verlag: BoD™ – Books on Demand, Norderstedt
Printed in Germany
ISBN 978-3-7347-5843-0

Nachdruck „See You"-Magazin & „Club Aldiana-Logo" mit freundlicher Genehmigung
der Aldiana GmbH, Oberursel

MIX
Papier aus verantwortungsvollen Quellen
Paper from responsible sources
FSC® C105338

FSC
www.fsc.org

Valerian DeWinter
Zuerst Valerian /

mit einem Vorwort von
Chefanimateur Willy Roes

Autor /

Valerian DeWinter ist den meisten Menschen eher als „Valerian" bekannt. Die wenigsten kennen ihn unter seinem Geburtsnamen Olaf Wagner. Valerian wurde, nach eigenen Angaben „zeitlos", in Wiesbaden geboren.

Nach einer Ausbildung zum Koch arbeitete er in verschiedenen Berufen. Zwei Jahre war er als Animateur im Club auf Fuerteventura eingesetzt. In dieser Zeit entstanden drei Bühnenshows, bei denen er als Autor und Regisseur tätig war. Im Club bekleidete er auch das Amt des Chefredakteurs für die täglich erscheinende Clubzeitung „GAZETTE".
Sein Künstlername Valerian DeWinter wurde im „Club Aldiana" zu seinem Markenzeichen.

1991 – zurück in Deutschland veröffentlicht er sein Erstlingswerk „Zuerst Valerian" im Eigenverlag. Einige Monate später folgt „Weltkinder". Es folgen viele Bühnenauftritte, Moderationen und TV Auftritte. Heute lebt er in Berlin und geht verschiedenen kreativen Projekten nach.

Im Internet: *www.edition-dewinter.de*
 www.valeriandewinter.de

Widmung /

Für
meine
wunderbaren
Eltern

Danksagung /

Ich hasse seitenlange, ermüdende Danksagungen. Ich möchte deshalb nicht viele Worte verlieren und mich bei folgenden Animateuren bedanken, die mich auf meinem Weg begleitet haben:

Gabi, Elke, Ina, Hilde, Anja, Wolfgang, Susanne, Cita, Marc, Babsi, Veronique, Anja, Holger, Milan, Jens, Meike, Jonas, Ingo, Andrea, Jan, Britta, Andreas, Petra, Inge, Stephanie, Martina, Frauke, Regina, Tino, Emilio, Isabelle, Stephanie, Tommy, Karin, Bernd, Dirk, Bettina, Nicole, Sabine, Elisabeth, Carsten, Gaby, Felix, Freddy, Ela, Ane, Willy, Imke, Renate, Guido, Liza, Peter, Bruno, Andrea, Kalle, Ivan, Daniela, Dany, Wilma, Manuela, Stefan, Andrina, Detlev, Mats, Bea, Wolfgang, Biggi, Nadja, Dieter-Ferdinand, Lars, Christine, Gary, Christian, Eric, Marcus-"Schnäutzchen", Thomas, Jens, Carmen, Michaela, Bisi, Serpil, Annette, Düdü, Gabi, Bärbel, Walter, Kai, Ralph, Werner, Paola, Sandy, Silvia, Tanja, „Graf"-Dirk, Werner, Wim, Jürgen, Norbert, Helge, Robin, Kersten, Bernd, Beate, Sabine, Marianne, Bernie, Doris, Horacio, Björn, Kai, Uli, Dan, Thommy, Mischa „der schönste Ever Court-Trainer der Welt", Ramon, Marc-Olaf, Silke, Nicole, Ulli, Hendrick, Simone, Willy, Gudrun, Heidi, Gabriele, Kevin, Toni, Walther...

...und alle anderen, an deren Namen ich mich nicht mehr erinnern kann.

Hinweise /

Die Erstveröffentlichung der Kolumnen erfolgte
in der Clubzeitung „GAZETTE", Fuerteventura.

Die in diesem Buch veröffentlichten Kolumnen
sind eine Auswahl aller von 1988 bis 1991
erschienenen Kolumnen.

Auf Wunsch des Autoren weicht die
Rechtschreibung und Interpunktion von den
Duden-Richtlinien ab.

Bisher erschienen:

Zuerst Valerian
Weltkinder
Storybook

(Alle Titel auch als E-Book erhältlich)

Zuerst: Der Chefanimateur /
(Ein Vorwort)

Es war am 21.07.1989 als ich in Fuerteventura landete und im Club Aldiana als Musikanimateur begann. Viele Eindrücke prasselten auf mich ein. Ich stand an der Poolbar als mich auf einmal Valerian ansprach. Hallo ich bin Valerian und du bist bestimmt der Neue. Sein breites Lächeln und seine freundliche Art fielen mir sofort auf.

Mit der Zeit lernte ich ihn als direkten und ehrlichen Menschen kennen und schätzen. Nach drei Monaten übernahm ich den Posten des Chefanimateurs und somit war ich der direkte Vorgesetzte von Valerian.

Er schrieb damals die Gazette und ging darin voll auf. An Kreativität fehlte es ihm nicht. Für eine Überraschung war er immer gut, ob es bei der Begrüßung der Gäste war, wo er spontan für die Damen einen Wochenkurs mit dem Titel „Gymnastik gegen Menstruationsbeschwerden" angeboten hat. Auch ein spontan erfundenes Weinseminar war nichts Ungewöhnliches für ihn. Man konnte ihm ansehen welche Laune er gerade hatte. Wenn er mal schlecht drauf war, lief er bei 40 Grad im Schatten mit dickem schwarzen Wollpullover und Schal rum. Wenn die Kleidung bunt und schrill war, dann wusste jeder in der Anlage, Valerian hat super Laune.

Viele Bühnenshows hat er damals geschrieben und auch auf die Bretter gebracht, die die Welt bedeuten. Irgendwo in der Tiefe, so heißt die Show, die mit ganz viel Liebe zum Detail von ihm inszeniert wurde. Wir hatten alle sehr viel Spaß und die Show war ein Erfolg.

Valerian ist und bleibt ein kreativer und großartiger Mensch. Es gibt nicht viele Menschen auf der Erde, die mit so viel positivem Denken durch den Tag gehen und damit anderen Menschen Freude bereiteten. Ich bin stolz, dass ich Valerian kennen gelernt habe und ihn zu meinen Freunden zählen darf. Für das Buch wünsche ich ihm sehr viel Erfolg.

Willy Roes

Valerian bringt mit seiner spontanen Weinprobe
Chefanimateur Willy aus dem Konzept.

Prolog 1 /

Das erste Wort zu ergreifen ist nicht immer gerade einfach. Ich habe es jedoch in meinen Kolumnen jeden Tag auf ein Neues probiert.

Es ist oftmals recht schwer, das Wort zu ergreifen, um für eine Meinung, eine Idee oder eine Vorstellung ‚einzustehen‘, schon weil man dadurch eine große Angriffsfläche bietet. Nicht weniger gering ist auch die Verantwortung beim schreiben einer Zeitung in einem Ferienclub. Themen über die Verschmutzung der Nordsee oder das größer werdende Ozonloch, Flugverspätungen und Kontoauszüge sind im Urlaub nicht gerne gesehen. Dennoch habe ich sie gedruckt – allein aus dem Grund, da ich finde (sowohl als Urlauber wie als Animateur), dass man im Urlaub seine Augen vor der Realität nicht verschließen kann. Vielleicht sind die Resonanzen auf die „Gazette" und die Kolumnen gerade deshalb so gut gewesen.

Ich hoffe, dass wir alle immer wieder das erste Wort ergreifen werden, denn ich glaube, in unserer Welt wäre es falsch, nur zu schweigen.

In diesem Sinne,
auf ein neues „Zuerst"

Olaf-Valerian Wagner

(Fuerteventura / Wiesbaden, Januar 1991)

Prolog 2 /

Sehr viel hat sich verändert, seit „Zuerst Valerian" erstmals 1991 erschien.

So viele Jahre später mein Buch als erweiterte Neuauflage herauszubringen scheint ein großes Risiko zu sein.

Wer erinnert sich noch an „Olaf", an den Animateur „Valerian"? Wer an meine Bühnenshows?

Meine bunten Klamotten, Marabu-Ketten als Stirnbänder, brainLight, Video- und „Movement"-Kurse in denen ich Tipps zu Menstruationsbeschwerden gab, sowie die vielen unzähligen Rollen in die ich auf der Aldiana-Bühne schlüpfen durfte...

Nicht für die breite Masse ist dieses Buch ursprünglich entstanden, sondern als kleine Erinnerung für die unzähligen Clubgäste, die sich allmorgendlich an der Gazette und ihren Kolumnen erfreuten. Jetzt – nach so vielen Jahren die Originale der Gazette nochmals in der Hand zu halten, dieses Buch um weitere Kolumnen zu bereichern war für mich ein langgehegter Traum, schon weil die moderne Druckindustrie mit der digitalen Drucktechnik mir andere Gestaltungsmöglichkeiten einräumte, wie Sie mir damals nicht zur Verfügung standen. Weder bei der Erstveröffentlichung noch bei der täglichen Arbeit im Club.

Ich hoffe, dass auch die erweiterten „ZUERST'S" den Anklang finden werden, wie bei der Erstveröffentlichung.

In diesem Sinne,
auf ein neues „Zuerst"

Valerian DeWinter

(Berlin 2015)

Was ich zuerst einmal sagen muss,

... ist keine Beichte, nur erklärend für dieses Buch. Wie ich überhaupt in den Wahnsinns-Job als Animateur geraten bin, denn dies war wahrlich keine Absicht, sondern ein Versprechen an meine Arbeitskollegin im Hotel Nassauer Hof in Wiesbaden. Aber der Reihe nach!

Meine Arbeitskollegin Eli sagte eines Tages im Hotel, in der Mittagspause, zu mir: „Ich habe mich als Food & Beverage Manager bei Club Aldiana auf Kreta beworben. Die suchen auch Animateure! Du spielst doch Theater, bist kreativ, das wäre doch was für Dich! Komm doch einfach mit mir und bewirb Dich."

Sie blinzelte mit Ihren hellen, klaren, lustigen Augen und schob sich, genau wie ich etwas in den Mund, was in unserer Personalkantine als „Fisch" verkauft wurde. Wir kauten schweigend auf dem gummiartigen Ding herum, lachten.

Eli hatte vorgesorgt und schon einen Bewerbungsbogen in der Tasche. Also gut, die Bewerbung war schnell verfasst, und ab die Post. Große Hoffnungen machte ich mir ehrlich gesagt nicht, stand doch explizit auf dem Bewerberbogen, dass Einstellungen nur ab dem 21. Lebensjahr entgegen genommen werden. Es vergingen fast vier Wochen und ich dachte in keiner Weise mehr an die Bewerbung. Eli war mittlerweile nach Kreta abgereist und erwartete mich dort. Als ich nach der Arbeit nach Hause kam, empfing mich meine Großmutter, aufgelöst, mit den Worten: „Da hat ein Herr Maggi aus der Schweiz für Dich angerufen, es geht um einen Termin morgen in Frankfurt – Du sollst Dich sofort melden".

„Herr Maggi", „Schweiz", „Frankfurt"? Ich verstand kein Wort. Hatte ich in einem Preisausschreiben ein Jahr lang Tütensuppe gewonnen oder einen Chili con Carne Kochkurs in Frankfurt in einem Kochstudio gleichen Namens wie dieser Herr aus der Schweiz? Es dauerte gefühlte Stunden bis Oma die Telefonnummer rausrückte und ich die Nummer in der Schweiz wählen konnte.

Am nächsten Tag sollte ich in der Unternehmenszentrale von Neckermann Reisen am Baseler Platz in Frankfurt am Main auf „Herrn Maggi", der eigentlich Marcus Marguillier hieß, zu einem Vorstellungsgespräch treffen. Was tun? Ich meldete mich krank und fuhr mit der S-Bahn nach Frankfurt. Das Vorstellungsgespräch mit Markus und seinem Assistenten Uwe, der auch Regisseur war, verlief locker und unkompliziert bis auf die eine Frage: „Was stellen Sie sich unter Dienstleistung vor"?

— SCHWEIGEN —

Gefühlte Jahrzehnte, dann atmete ich wieder und schon sprudelte es aus mir heraus: „Was ich mir unter Dienstleistung vorstelle?" Ist das Ihr Ernst? Haben Sie meinen Lebenslauf gelesen?

Ich arbeite seit Beginn meines kurzen Berufslebens in der Gastronomie und Sie fragen mich hier allen Ernstes was ich „unter Dienstleistung verstehe?". Ich stand auf und war im Begriff zu gehen. Hier war ich definitiv falsch. Man weiß man sitzt im falschen Film, aber solange die Eiskonfekt-Verkäuferin nicht da war wird einem das nicht bewusst.

Das Missverständnis wurde sehr schnell aufgeklärt, wir plauderten noch eine Weile und man sagte mir Siggi Stolle aus der Schweiz würde mich in der kommenden Woche anrufen. Mir war es irgendwie immer noch egal, ob Animateur oder nicht. Die Woche verging, Siggi rief an, um mir aus Lachen (SZ) mitzuteilen, dass man mich sehr gerne als Animateur im Club Aldiana Fuerteventura einsetzen wolle. „Wie Fuerteventura, ich muss zu Eli nach Kreta", entgegnete ich. „Darum gehts nicht und darauf können wir auch keine Rücksicht nehmen", entgegnete Siggi und ohne dass ich zu Wort kam erklärte sie: „Fuerteventura ist angesagt, da hatten wir einen Streik und einige Probleme und brauchen tolle Leute wie Dich dort. Zudem ist es wunderschön, ich war da Chefanimateurin, du wirst es lieben, wir schicken Dir ein Standby Ticket. Du fliegst in vierzehn Tagen". Das war es. Kurze Verabschiedung, Ende des Telefonats.

Zwei Nächte lag ich wach in meinem Bett. Keine Ahnung was ich tun sollte. Das Land verlassen? Irgendwo neu anfangen? Ohne Wiesbaden, ohne meine Eltern, ohne meine Freunde? Ich hatte das große Glück meine Mutter an meiner Seite zu

haben, mit der ich diese Nächte durch diskutierte, Positiv/
Negativ-Listen schrieb, um Vor- und Nachteile auf und ab zu
wägen, bis Mama irgendwann sagte: „Mach es doch, wenn es
nicht passt kommst Du einfach zurück". (...)

Also begannen wir Klamotten zu kaufen, meine Koffer zu
packen und dann hieß es auf zum Flughafen Stuttgart, um mit
meinem Standby Ticket nach Fuerteventura zu fliegen. An Bord
des Fliegers auch der rothaarige Tommy, seit Jahren Animateur
bei Aldiana, der mir im Laufe meiner Zeit auf Fuerte ein
wirklich lieber Freund und Mentor in diesem Berufszweig wurde
und mir im Flieger viel über seine bisherige Zeit als Animateur
erzählte.

Ich muss anmerken das „Animateur" bis zum heutigen
Tag kein anerkannter Ausbildungsberuf ist. Obwohl heute von
angehenden Animateuren viel, viel mehr erwartet wird als
zu meiner Zeit. Früher stand der „Animateur" ja eher in dem
Licht, mit den Männern Volleyball zu spielen und abends in
der Diskothek die netten Single Frauen abzuschleppen. Der
Animateur war der „Aussteiger"! Heute sind die Anforderungen
durchaus anders und auch die Meinung über Animateure hat
sich im Laufe der Jahre durchaus verbessert.

Ich kam also auf Fuerteventura an, einer der kargen Inseln
der Kanarischen Inseln, die ich im Laufe der Jahre so sehr
zu lieben gelernt habe. Die Sonne brannte stechend und wir
hatten noch zweieinhalb Stunden Transfer zum Club vor uns.
Dort angekommen nahmen mich Markus und sein Assistent
in Empfang. „Die Koffer bringt man Dir aufs Zimmer", sagte
Markus. Erstmal zur Pool Bar, dann ein Rundgang durch den
Club, dann zeigen wir dir Deinen Bungalow „404" und heute
Abend zum Meeting im Ani-Büro (Abk. für Animationsbüro).

Ich hatte mich in meinem grünen „404" Bungalow etwas
eingerichtet und die Koffer ausgepackt, dann ging's zum
ersten Meeting und dem Kennenlernen meiner KollegInnen.
Machen wir einen Sprung: Vierzehn Tage bin ich wie Falschgeld
durch den Club gelaufen, immer auf dem falschen Weg zum
Restaurant, immer auf dem falschen Weg zum Büro, Aufgaben
wie Bogenschießen, Aerobic oder Darts-Turniere, Standbilder
im Foyer waren etwas, das ich lernen musste. Ich werde in

meiner Biographie, irgendwann einmal, sehr viel mehr darüber berichten, denn das hier ist im Augenblick nicht der richtige Platz.

Da ich mich bereits in Wiesbaden mit Texten, Werbung, Anzeigen und Plakatgestaltung beschäftigt hatte, wollte ich natürlich an der täglich erscheinenden Clubzeitung „Gazette" mitarbeiten, es dauerte lange bis ich es durfte, aber als ich es durfte, hatte ich mir die Freiheit unter meinem Chefanimateur Bernd erarbeitet, um sozusagen „freie Hand" zu haben, was die „Gazette" angeht.

→ S. 92, 94, 95 Als ich die „Gazette" übernahm, war sie mit kleinen Sprüchen und ausgeschnittenen Comicfiguren verziert, um das Tages- und Abendprogramm im Club zu präsentieren. Ich wollte sie „Neu", sie wurde übersichtlicher. Ich führte meine Kolumnen „Zuerst Valerian" und „Fragen Sie Valerian" ein, und für jede Abendshow kreierte ich einen eigenen Schriftzug. Heute würde man den Titel der Show tippen, den Text markieren und eine andere Schriftart auswählen. Ich hatte damals nur eine Schreibmaschine und ein Gesamtverzeichnis aller Schriftarten von „Letraset". Ich kopierte mir das Alphabet des jeweiligen Schrifttyps, schnitt die Buchstaben aus, klebte den Titel zusammen, die Schnittkanten wurden mit Tipp-Ex kaschiert und die vielleicht etwas zu blassen Buchstaben mit schwarzem → S. 18 Stift nachgeschwärzt. So entstanden die Logos. Ich muss allein bei dem Gedanken jetzt noch schmunzeln …

So viele Jahre später hatte ich alle Ausgaben der „Gazette" (gut archiviert) nochmals in Händen, bevor ich mich entschlossen habe, mich endlich von dem ganzen Papierkram zu lösen. Sie müssen nicht mehr in Ordner stehen, sie haben mich lange begleitet und sind immer bei mir. Also Platz machen in meinen Regalen. Ich wünsche Euch ganz viel Spaß beim entdecken der neuen „Zuerst's".

WERBUNG
EINMAL
AND

KA

Gästeshow
SOUVENIRS
SOUVENIRS

DAS
ALDIANA KO

ICH
ERI

AMPYR'S
KISS

FASH

BEGRÜSSU

DIANA-SPORTFEST
MGM

FIEST

"WETTEN

DASS..."

BISCHE
ONACHT

MÄNNER
FRAUEN
SACHE

hine on you crazy dia

STUDIO

11 12 1
10 2
9 TRAUMZEIT 3
8 4
7 6 5

WEISSE NACH

OLLTE NIE
HSEN SEIN !

᛭᛭ MÄNNER

Irgendwo
In Der Tiefe

ON

OW

Farewell-
Party.

SCOCKTAIL

JANDIA

SKYLINE EXPR

Sketche
ohne
nde

Aldiana.
Kirmes

She

Hier bin ich /

Hier bin ich! Hallo, schön Euch kennenzulernen. Ich heiße Valerian und bin der Redakteur der Gazette. Ich bin zwar keine Schönheit, aber sehr liebenswürdig. Trotz vieler Gerüchte entstamme ich nicht der Phantasie eines Animateurs sondern bin am liebsten ich selbst. Ich mag Geschnetzeltes in Sahnesauce genauso gern wie Gummibärchen. Es würde mich freuen, Euch durch euren Urlaub begleiten zu können und mit Euch zusammen eine tolle Gazette zu machen. Wie? Sprecht mich doch einfach mal an.

Viele liebe Grüße,
Euer Valerian

(1988)

Fragen Sie Valerian /

BEA Lieber Valerian,
gibt es auf Deiner
Schreibmaschine
eigentlich keine Kommas?

VALERIAN Liebe Bea,

(18.11.1988)

Zuerst Valerian /
Schöne Weihnachtsgeschenke

Also, was ich ja schon die ganze Zeit loswerden will: das mit Weihnachten – seien wir doch mal ehrlich – jedes Jahr dasselbe. Im vergangenen Jahr hatte meine Familie gar keine Böcke darauf, irgendwie war das sehr komisch. Alleine das Backen der ersten Plätzchen wurde ein Desaster – der einzige, der sie gegessen hat, war unser Kater! Und dann wieder die Frage – was schenkt man den Lieben? Alles sollte irgendwie einmal ganz anders sein. Wir haben uns entschlossen, diesen Konsumrausch nicht mehr mitzumachen! Es gibt nur noch Kleinigkeiten für jeden, und diese nach Möglichkeit selbst gebastelt. Habt ihr schon einmal für 30 Leute Weihnachtsgeschenke selbst gebastelt?

Rosenblütenmarmelade im schönen Glas (Tipps aus der Zeitung mit den tollen Weihnachtsideen). Wenn Du gerade so am Kochen bist, fragst Du dich plötzlich: Was soll Oma mit Rosenblütenmarmelade? Sie isst nur Orangenmarmelade, und die auch nur, wenn viel Zitronat drin ist. Also kauft man schnell ihr Lieblingsparfüm, das sie sich schon lange gewünscht hat, und die liebe Seele hat Ruhe! Noch etwas aus der tollen Zeitung gefällig? – Für die liebe Mutter ein selbstgebundenes Kochbuch mit Leinenumschlag und selbstgeschriebenen Rezepten. Der zwanzigste Anlauf, den Leinenstoff auf die mittlerweile vom Klebstoff aufgelöste Buchpappe aufzuziehen, raubt mir den letzten Nerv, und ich stürze in ein überfülltes Kaufhaus, um ihr einen Fotoapparat zu kaufen. Schon bin ich wieder mittendrin im KONSUM! Die Heiligen Drei Könige hatten es da besser, ein paar Kleinigkeiten, die einfach von Herzen geschenkt wurden ... Aber, gab es damals schon Zeitschriften mit tollen Basteltips für schöne Weihnachtsgeschenke?

(16.12.1988)

Zuerst Valerian /
Adventskalender

Erinnert Ihr Euch auch noch an die Zeit, als es zum Weihnachtsfest tolle Adventskalender gab, mit schönen Bildern und Silberflitter drauf gesprüht? Dann kamen die Kalender mit der Schokoladenfüllung, wobei man auch bei denen unterscheiden musste, ob sie nur mit Schokolade gefüllt sind oder ob sich unter der leckeren Schokoladentafel noch ein kleines Bild befindet. Mir persönlich gefällt die zweite Version mit den Bildern ja etwas besser. Einfach eine nette Verbindung zwischen visuell und materiell. Mittlerweile hat sich die Zeit aber etwas geändert, und eine Menge von Firmen bieten SAGENHAFTE Adventskalender an, die mit allerlei Überraschungen gefüllt sind. Zum Beispiel mit einem Original Filmstreifen „Vom Winde verweht" für den Liebhaber oder einer Vorratspackung Gummis für den Draufgänger oder einem der kleinsten Kochbücher der Welt natürlich zum SAGENHAFTEN EINFÜHRUNGSPREIS VON SAGE UND SCHREIBE 180,– DM.

Wo ist sie hin, die Zeit mit ihren Schokoladenkalendern, die einem jeden Morgen das Leben versüßten und das alles für schlappe 3,90 DM?

(19.12.1988)

„Was der Advent kann, können nicht viele. Viermal hintereinander kommen."

Zuerst Valerian /
Geschenkpapier

Irgendwo müssen sie doch sein, die Weihnachtsge-
schenk-Bögen vom letzten Jahr...
Gehört Ihr auch zu den Menschen, die es nicht über's Herz
bringen, einen Bogen Papier wegzuwerfen? Ich gehöre dazu –
und nach den Feiertagen wird wieder eine große Bügelaktion
gestartet. Wir alle sind, das konnte man kürzlich in einer
Herzenszeitung lesen, total veraltet und einfallslos! Auf
acht bunten Sonderseiten bekommen wir vorgeführt, wie
man ein Geschenk nett und adrett verpackt. Mit Witz und
Pfiff aufgepeppt, mit Glitzer, Flimmer, Federn und lustigen
Tüllschleifen. Schön im Schwarz-Weiss-Look oder „Marke:
China" in Perlmutt-Folie mit kleinen Fächern – oder ganz
grell in Zeitungspapier. Für alles und jeden gibt es die richtige
Verpackung. Wer da nicht mitmacht, ist auf dem Einpack-Niveau
unserer Großeltern stehengeblieben. Ich denke „Die" haben recht
und mache mich auf den Weg zu meinem Papier-Shop. Beim
Einpacken der Geschenke und leeren der Tüten fällt mir auch
der Kassenzettel in die Hände...
Das „New Art" einpacken ist teurer als alle meine
Geschenke zusammen! Es gibt noch einen Nachteil: Man
kann die Verpackungen nur einmal verwenden. Bleiben wir
altmodisch? – Auf zum Bügeleisen!

(20.12.1988)

Fragen Sie Valerian /

MARCELL Lieber Valerian,

morgens sehe ich immer total müde und schlapp aus – was kann ich tun?

VALERIAN Lieber Marcell,

Deine Haut wird morgens frisch und fit aussehen und vor allem jugendlich (egal wie die Nacht gewesen ist)! Wasche Dein Gesicht einfach mit kaltem Mineralwasser aus dem Kühlschrank. Die Kohlensäure belebt und fördert die Durchblutung der Haut und lässt sie frisch, zart und rosig aussehen, das hilft vielleicht nicht über den Kater am Morgen, aber das Gesicht sieht frisch aus.

(28.12.1988)

Zuerst Valerian /
Das Monster unterm Weihnachtsbaum

Findet ihr nicht auch, dass es wirklich schreckliche Sachen gibt, die man heute für die Kleinsten unter den Christbaum legt? Im vergangenen Jahr ist mir das zum ersten Mal richtig aufgefallen, als mein kleiner Cousin am Heiligabend ein Geschenk auspackte und ein großes, hässliches, furchterregendes Plastik-Monster zum Vorschein kam. Mein Entsetzen kannte keine Grenzen, als der kleine Knirps voll Begeisterung ausrief: „Schau mal Mutti, ist das nicht süß." Da kommt man schon ins Grübeln – wenn kleine Kinder ein mit Narben und Warzen übersätes „Ding" süß finden, und das tolle Kinderbuch oder der Metallic grüne Roller unliebsam behandelt in der Ecke stehen bleiben! Welchen Zeiten gehen wir da entgegen...

Ist es der Wunsch der Kinder? – Es ist wohl eher die Werbung, die uns klarmacht, dass diese hässlichen Gestalten ja wirklich existieren könnten – und warum soll man sie da nicht lieb haben? Oder liegt es etwa an uns Erwachsenen, den Kindern Kriegs- und Horror-Geschenke vorzuenthalten und zum Roller zurückzugreifen?

(21.12.1988)

Zuerst Valerian /
Der letzte Tag vor Weihnachten

Einmal werden wir noch wach, heißa dann ist Weihnachtstag! Kommt Euch diese Textstrophe bekannt vor? Allen Müttern und Hausfrauen ist sie wohl bekannt – denn in diesem einen Tag erreicht die Weihnachtsvorbereitung ihren absoluten Höhepunkt. Schnell noch fehlende Lebensmittel einkaufen, letzte Geschenke einpacken, bei Tante Uschi anrufen, ob sie nun am 1. oder am 2. Feiertag zum Kaffee kommt. Die Kinder fragen zum 101. Mal, wann das Christkind kommt. Man kann ja schon einmal die Brühe für das Weihnachtsmenü vorkochen. Jetzt reißt die Katze die Kugeln vom Baum – und Vater sitzt vor der Glotze und schaut Sportschau. Oma belehrt ihre Schwiegertochter, dass früher alles ganz anders war – und da kommt der entnervten Hausfrau Folgendes in den Sinn: „Weihnachten – Fest der Liebe, Ruhe und Harmonie", tja, das wär's! Nächstes Jahr wird dann alles ganz bestimmt anders – irgendwie!

Schnell noch den Kuchen in den Ofen und das restliche Geschirr spülen. Ja, ich weiß, es ist noch nicht gesaugt...

(23.12.1988)

Fragen Sie Valerian /

SUSANNE   Lieber Valerian,
           wozu ist eigentlich die Nummer auf unserer Clubkarte geeignet?

VALERIAN   Liebe Susanne,
           die Nummer auf der Clubkarte ist die Endziffer deines Volkszäh-
           lungsfragebogens. Anhand dieser Nummer und deinem Namen
           können wir beim BKA in Wiesbaden direkt überprüfen, welche
           Leute bei uns Urlaub machen. Du zum Beispiel bist blond, 165
           cm groß, arbeitest als Zahnarzthelferin in Wuppertal, hast eine
           zwei Zimmer-Küche-Bad-Wohnung, fährst mit dem Bus eine
           Viertelstunde zur Arbeit – und bist mies bezahlt. Zudem bist du
           zum dritten Mal bei uns im Club.

           Viele gezählte Grüße

           (29.12.1988)

Zuletzt Valerian /

„Willst Du Feuer im Kamin – nimm dein Surfbrett und Benzin."

Fragen Sie Valerian /

JÖRG Lieber Valerian,
meine Freundin und ich streiten bereits die ganze Zeit darüber,
ob Deine Haare echt sind oder nicht. Wie ist das nun?

VALERIAN Lieber Jörg,
Haare sind doch nun wirklich kein Streitpunkt! Ich kenne sogar
Leute, die haben Haare auf den Zähnen ...
Was nun meine Haare angeht – es kommt immer auf den Friseur
an, schon wegen der angegriffenen Spitzen. Aber sie sind echt!
Echthaar zum anstecken. das ist sehr praktisch. Wenn ich keine
Lust auf meine Haare habe, lasse ich sie in der Schublade. So
einfach ist das!

Haarige Grüße

(30.12.1988)

Pressefotos zur Erstveröffentlichung

Zuerst Valerian /
Gute Vorsätze

Also, ein bisschen Zeit bleibt uns ja noch – für die guten Vorsätze zum neuen Jahr! Ein altes Sprichwort sagt ja: Gute Vorsätze sind dazu da, dass man sie bricht. Gut, fangen wir mal an zu brechen: Wie war das im letzten Jahr – mein Gott, was habe ich wieder für gute Vorsätze gemacht (es war ungefähr 'ne DIN A 4 Seite) und was ist davon eingehalten worden?

Ich wollte aufhören zu rauchen – vielleicht klappt es in diesem Jahr! Ich wollte gesünder leben, irgendwie bot sich dazu nie die Gelegenheit. Ich wollte sparsamer mit dem Geld umgehen - aber der letzte Kontoauszug zeigt mir, dass auch dieses Vorhaben zum Scheitern verurteilt war. Mehr Sport wollte ich machen – aber Ihr wisst ja, wie das ist, man hat so selten Zeit, sich um alles zu kümmern. Ich wollte ein Buch schreiben, das hat geklappt, leider fehlt noch das Geld es drucken zu lassen. Was mache ich also in diesem Jahr mit meinen guten Vorsätzen? Am besten habe ich keine – dann brauche ich mir am Ende des kommenden Jahres nicht wieder Vorwürfe zu machen, dass ich diese Dinger nie einhalte. Wie sieht es mit Euren Vorsätzen für 1989 aus? Nicht traurig sein, wenn es auch in diesem Jahr nix bringt, nächstes Jahr haben wir eine neue Chance dazu und vielleicht bieten wir dann hier im Club einen Tageskurs dazu an: „Gute Vorsätze leicht gemacht" - na wie wär's?

Fragen Sie Valerian /

GISELA Lieber Valerian,

→ S. 29 in Deiner letzten Kolumne hast Du über die kleine Nummer auf unseren Clubkarten geschrieben. Ich muss sagen, ich finde dass im höchsten Maße unverschämt, was Du da gemacht hast. Die Volkszählung gilt ja wohl als (angeblich) unanfechtbar vor allem was den Datenschutz betrifft. Jetzt will ich wirklich wissen, ob das stimmt, was Du geschrieben hast. Also bitte antworte, was über mich in diesem Computer zu erfahren ist!

VALERIAN Liebe Gisela,

manchmal habe ich so das Gefühl, dass alle glauben, ich sitze von morgens bis spät in die Nacht an meiner Schreibmaschine und denke mir nur dummes Zeug aus! Natürlich stimmt das mit der Kolumne über unsere Clubkarten.

Was Dich betrifft, liebe Gisela muss ich sagen: Über Dich liegen keine Angaben vor, weil Du Deinen Volkszählungsbogen gar nicht ausgefüllt hast. Dies geht deutlich aus den Unterlagen der örtlichen Erhebungsstelle in Worms hervor. Selbst nach zwei Mahnungen und einem Bußgeldbescheid in Höhe von 1.600,– DM hast Du Dich bisher geweigert, irgendwelche Angaben zu machen.

Viele verweigerte Grüße

(31.12.1988)

Zuerst Valerian /
Dallas

Heute wieder ein neuer Teil aus der beliebten Fernsehserie
„DALLAS"

PAMELA Oh Bobby, die meisten Clubgäste reisen heute ab, das verkrafte
ich nicht...

BOBBY Aber Pam, jeder Urlaub geht einmal zu Ende.

PAMELA Oh Bobby, das verkrafte ich nicht...

BOBBY Vielleicht sollten wir mit der Familie darüber sprechen, du wirst
sehen, dann sieht die Welt gleich ganz anders aus.

— Am Mittagstisch sitzt die Familie in voller
Harmonie zusammen —

BOBBY Pamela verkraftet die Abreise der vielen Gäste nicht.

MISS ELLI Aber Kind, es kommen doch auch wieder neue Gäste.

J. R. Hoffentlich erwische ich noch so einen Abreisenden, dann kann
er Sue Ellen gleich mitnehmen, hä, hä, hä.

MISS ELLI Aber J. R.!

SUE ELLEN J. R., du bist ein widerliches Ekel. Wenn du so weitermachst,
fahre ich vielleicht freiwillig.

J. R. Das wäre eine gute Idee. In Deutschland gibt es hervorragende
Selbsthilfegruppen für Alkoholiker, hä, hä, hä, hä.

MISS ELLI Aber J. R.!

PAMELA Oh Bobby, das verkrafte ich nicht...

BOBBY Komm Pam, wir gehen zu Lucy an die Pool Bar, du wirst sehen –
nach einem Drink sieht die Welt gleich ganz anders aus.

PAMELA Oh Bobby, das verkrafte ich nicht...

(14.01.1989)

Zuerst Valerian /
Mord im Fernsehen

Wenn jetzt noch eine Zeitung schreibt, dass der Terrorismus auf unseren Straßen von Jahr zu Jahr zunimmt, dann bitte ich die Redakteure, doch einmal intensiv eine Saison lang Fernsehen zu gucken. Erst hatten wir ein Attentat auf J.R. und mussten, bedingt durch die Sommerpause, vier Monate warten, bis der Täter (Sue Ellen's Schwester) überführt war. Dann ein Bombenanschlag auf Blake Carrington und wieder Schüsse auf J.R., diesmal treffen sie aber Bobby – und wieder 'ne Sommerpause. Danach Schüsse im Fernsehstudio auf Alexis und jetzt auf unseren Dr. Udo Brinkmann. Da hört sich doch nun alles auf! Dass auf Politiker geschossen wird, ist ja eigentlich nichts Neues – aber ausgerechnet auf unsere Fernsehlieblinge!!! Und ausgerechnet Dr. Brinkmann…, na ja, ein Kostverächter war der ja auch noch nie – aber gleich erschießen? Hier also ein großer Aufruf an alle Drehbuchautoren der Welt – kehrt zurück zu den altbewährten Agatha Christie Methoden, das konnte man ja wenigstens noch verstehen, wenn da mal einer ein bisschen Gift in den Tee oder Schnupftabak mischte. Wenn das jeder machen würde! Ich erschieße jetzt mal unseren Chefanimateur, und welche Besetzung nehmen wir dann für die Fortsetzung? Das klären die im Film nie, meistens haben sie nur eine Schönheitsoperation hinter sich und sehen halt ein bisschen anders aus. Udo kommt natürlich durch – und unser Chefanimateur? Vielleicht bleiben wir doch bei der typischen Agatha Christie Mordwaffe.

(16.01.1989)

Zuerst Valerian /
Werbeversprechen

Also, da muss man einfach zugreifen. Orientteppiche aus Turkmenistan - wer da nicht zugreift ist selbst Schuld und hat das Nachsehen, denn der Vorrat ist limitiert.
Frischer Saftschinken für nur 3,99 DM, da heißt es zugreifen meine Damen, denn so Gutes werden Sie nie wieder auf den Frühstückstisch bekommen. In unserer Aktionswoche erhalten sie als kluge Hausfrau drei Schachteln unseres neuen Wuschel-Weich-Softspülers umsonst, wenn sie sich für unsere 6 kg Trommel Waschpulver entscheiden. Wer da nicht hinschaut provoziert einen Ehekrach und mit dem Hausfrieden ist es ein für alle Mal Essig. Unsere neuen Allzweck-Klarsichthüllen für die jugendliche Liebe und Hausfrau. Eine Mülltüte, die diskret verhüllt und dennoch alles ahnen lässt. Bei uns ist heute wieder Schmierakuli-Tag, kein Wunder, dass sich die ganze Nachbarschaft einlädt. Die guten ATILEM Filtertüten mit dem neuentwickelten, feinen Geschmacksverstärker, Poren jetzt in der sparsamen Familienpackung für nur ...

Dr. Fechter präsentiert das neue Puddingpulver mit Schokoladengeschmack, zwei Beutel sind ergiebiger als je zuvor. Sie können damit Pudding kochen, Wäsche waschen, Filme entwickeln, als Dünger verwenden, erhalten eine gute Gurkenernte, macht sexy, nimmt das gelbe aus dem Auge und koloriert Ihre Haare in jeder gewünschten Geschmacksnuance ...

(23.01.1989)

Zuerst Valerian /
Karneval statistisch

Langsam, aber sicher steuern wir auf Karneval zu.
Die Vorbereitungen laufen auf vollen Touren – nur die
Latex-Industrie und die Hersteller von Pappnasen und
Luftschlangen scheinen sich zu freuen, denn die machen, wie in
jedem Jahr, den absoluten Reibach. Der Vorsitzende eines großen
Kölner Karnevalsvereins meinte in einem Interview spöttisch,
dass die Firmen wohl ihre Produktion von Gummis einstellen
müssen, um mit der Nachfrage nach Ballons noch rechtzeitig zu
den närrischen Tagen fertig zu werden. Tatsächlich wurden im
letzten halben Jahr mehr Kondome als Luftballons produziert
und verkauft. Das gibt dem Laien doch auch schon wieder zu
denken...

Will man einer Statistik Glauben schenken, so kommen
auf jeden Bundesbürger pro Monat 45 Kondome, aber nur acht
Luftballons. Da kann ja nun wirklich keine Faschingsstim-
mung aufkommen! Stellt Euch mal die Dekoration des Mainzer
Schlosses vor: ohne Luftballons, aber dafür mit Kondomen...
Na dann, Helau und Alaaf!

(24.01.1989)

Zuletzt Valerian /

„4,
3,
2,
1,
0,
AUS,
APPLAUS!"

Zuerst Valerian /
Glückslawine

Seit Monaten gibt es da eine Sache, die mir wahnsinnig auf den Wecker geht. Was? Schlagt doch mal irgendeine Zeitung Eurer Wahl auf – dann wisst Ihr, was ich meine!
„Ab heute rollt sie wieder, die große Glückslawine mit den 1.000 Preisen, schnell den anhängenden Coupon ausfüllen und dabei sein". „Wenn auch Sie in der SUPER-GEWINN-RUNDE dabei sein wollen, schnell die fünf Felder aufrubbeln und schon haben Sie wieder einen von vielen Sachpreisen gewonnen".
„Hier gerubbelt, heißt schon gewonnen". „Die Glücksfee kann auch Sie überraschen mit einem Warengutschein von insgesamt 20.000,– DM, einfach nur Ihre Glücksnummer und Ihr Geburtsdatum eintragen und schon haben Sie gewonnen". „Ihre persönliche Glücksnummer hat schon gewonnen und der große Hauptgewinn wartet nur noch auf Sie". „Der Glücksexpress fährt bereits die dritte Woche, wer noch einsteigen will, holt sich schnell eine Teilnahmekarte beim Zeitungshändler. Haben Sie die drei Glückskleeblätter in unserem Rubbelfeld gefunden - dann haben Sie gewonnen" ...

Es gibt nichts Schlimmeres als diesen Rubbel- und Glücksspiel-Wahn, der uns seit Monaten belagert. Wann sehen wir endlich ein, dass da zwar mal einer das große Glück hat, dies aber im Verhältnis eine geringe Chance ist ...

(08.02.1989)

Zuletzt Valerian/

„Kann denn Happy Sünde sein?"

Zuerst Valerian /
Die Stimme der Reiseleitung

Heute muss ich unbedingt über die freundliche Stimme der Reiseleitung schreiben. Warum, einfach deshalb, weil mir unsere Reiseleitung schon seit nunmehr zwei Wochen in den Ohren liegt, etwas über sie zu schreiben. Das ist, mit Verlaub, etwas nervig, kann man sich kaum auf's Tippen konzentrieren, wenn täglich gefühlte 1.000 mal der Satz (natürlich mit todtrauriger Stimme) „Nie schreibst Du was über mich" zu vernehmen ist. Die Dame sitzt also, wenn nicht gerade an ihrem Schalter, an ihrem Schreibtisch und sortiert Meldelisten oder Abrechnungen und ist immer schlecht drauf, weil ich wieder eine Kolumne schreibe, ohne sie zu erwähnen. Dies sei also hiermit getan und ich habe „hoffentlich" für die nächsten drei Wochen meine Ruhe beim Gazette schreiben. Die freundliche Stimme der Reiseleitung, Euch allen gut bekannt, sitzt also jetzt an ihrem Schreibtisch und ahnt keineswegs, was in der Gazette steht, was seinen Vorteil hat, denn so habe ich die Möglichkeit, mal ein bisschen aus dem Nähkästchen zu plaudern, also da hat sie doch letzte Woche, „Hallo Ina, ja hier sind Deine kopierten Listen, die Du wolltest"… Also, ich wollte Euch ja erzählen, was unsere Reiseleitung in der letzten Woche, also wir haben Tränen gelacht, als Sie plötzlich, „Ja, Bernd ich weiß, dass Du mit der Schweiz telefonierst und Dich mein Getippe stört, bin gleich fertig"… Also, da sagt unsere Reiseleitung, „Ja, Gabi ich helfe Dir gleich, die Requisite aufzuräumen"… KANN MAN IN DIESEM BÜRO NICHT MAL IN RUHE EINE KOLUMNE ÜBER DIE REISELEITUNG SCHREIBEN?

(11.02.1989)

Zuerst Valerian /
Märchencocktail

Märchencocktail. Als Schneewittchen gerade knapp dem Attentat der bösen Hexe entgangen war und in Windeseile über die Felder lief, um die sieben Zwerge zu suchen, kam sie an einem Brunnen vorbei. Auf der Öffnung saß ein dicker, widerlicher, schleimiger grüner Frosch. „Na, schönes Kind, spielst Du mit mir 'ne Runde Backgammon", fragte der Frosch in quakendem Tonfall. „Nein, ich habe keine Zeit, erst muss ich die Zwerge suchen und dann habe ich einen Vorstellungstermin bei Frau Holle", entgegnete die Schöne und eilte weiter. Sie hatte an einem Hausfrauen-Fernkurs teilgenommen und wollte sich bei Frau Holle als Zimmermädchen bewerben, da die alte Frau für ihre übertarifliche Bezahlung bekannt war. Sie lief durch den dunklen Wald, als plötzlich das Rotkäppchen mit einem Freudenschrei aus dem Gebüsch sprang. „Was schreist Du so", fragte Schneewittchen, vor Schreck ganz bleich. „Ich habe dem bösen Wolf eben meine Großmutter verkauft – und schau, was er dafür bezahlt hat", sprach das Rotkäppchen und deutete auf die vielen Sternthaler in seiner Schürze. Irritiert ging Schneewittchen weiter und traf auf ein kleines Männchen, das von einem Bein auf das andere hüpfte. „Weißt Du, wer ich bin", fragte es. „Ja, du bist das Rumpelstilzchen", antwortete Schneewittchen gelangweilt. „Das hat Dir das Aschenputtel verraten, diese Tratsch-Tante", brüllte der Zwerg.

Ob Schneewittchen bei den Zwergen angekommen ist, ob sie die Stelle bei Frau Holle bekommen hat? – Wahrscheinlich nicht! Sie hat auf ihrem Weg eine Beziehungskiste mit dem Riesen gestartet, der hat ihr die bekannten Siebenmeilenstiefel geschenkt und damit ist sie außer Landes gegangen und versucht ihr Glück jetzt als Animateur auf Fuerteventura. Und die Moral von der Geschicht': Glaube Stellenanzeigen von alten Damen nicht!

(22.02.1989)

Zuletzt Valerian /

„Ach wie gut, dass niemand weiß ... "

Zuerst Valerian /
Weiß ist ein Muss

Die Farbe Weiß ist ein Muss!
Erdtöne in Baumwollstoff und Leinen sind unumgänglich.
Witzige Overalls im verfremdeten Militärlook mit weiten
Taschen, stone washed oder gestreift, mit Schlaufen zum
Unterbringen von Werkzeug. Städtische Eleganz in der
gepflegten 7/8 Jacke, zweireihig geknöpft mit leicht gesmoktem
Bund und weiß aufgesetzten Revers, die wieder etwas breiter
sind als bisher. Naturseidene Bluse mit dezentem Spitzeneinsatz
in der Farbe Savanne und Lava, dazu passende Handschuhe mit
abgesteppten Nähten und eine weite Marlene Dietrich-Hose
ohne Bügelfalte, apart mit breitem Miedergürtel – der Trend
geht zu Ziegen- und Schafe-Ledermix. Amüsante Stehbündchen
und kleine Paspeln gehören ebenso dazu, wie der kleine
Strohhut oder bunte Kappen aus verstärktem Filz. Große, farbige
Blütenmuster sind wie das Salz in der Suppe. Weiche, lockere,
duftige und durchsichtige Stoffe, in der Verarbeitung bei Blusen,
legen den Blick frei auf das absolut notwenige Bustier!
Veloursleder in der Y-Linie im aparten Rosenholz-Ton umfließen
die Frauen. Große Zierknöpfe in Gold und asymmetrisch
geknöpfte Westen aus gedrehtem bunten Garn sind der Renner.
Kleine Schals und Halstücher zum einstecken in die Ziertasche
sind der Blickfang. Plastik-Orden aus dem Dekorationsge-
schäft peppen Ihre Jacke auf und die leichte Sommerhose mit
der Bänderbatik lassen sie auffallen. Als Seiten-Trend: Der
Fetzen-Look oder der Poor-Look (Arme-Leute-Look) von Top
Stilisten so kreiert, dass er nicht armselig aussieht. Danke,
danke, danke – kein Applaus!

Das stammt alles nicht von mir – sondern aus der
Modebeilage meiner Tageszeitung. Aber eines muss klar sein:
Weiß ist ein Muss!

(03.03.1989)

Zuerst Valerian /
Echte Kerle

Sie sind da! Die „L. A.-Dream-Boys", „Chippendales" und wie sie sonst so alle heißen mögen. Kein Pub, keine Disco in der nicht innerhalb der letzten Monate mindestens eine „Male-Strip-Party" angeboten wurde. Ein Glänzen in den Augen der Damen, ein gelangweiltes Lächeln bei den Herren. Was macht sie aus, die neue Männlichkeit?

Eine Truppe aus acht bis zwölf Kerlen, frisch aus dem Bodybuilding Studio mit gestählten Muskeln und verführerischem Lächeln, die wie einst das Fernsehballett über die Bühne tänzeln und sich die Klamotten vom Leib reißen, oder sich dabei natürlich gerne von den Damen aus dem Publikum helfen lassen.

Kinder, welchen Zeiten gehen wir entgegen, wenn solche Veranstaltungstermine bereits Wochen vorher ausverkauft sind, wie man es nur bei Konzerten der Pop und Rock-Spitzenelite kennt. Eintritt – natürlich – nur für Frauen! Warum eigentlich? Um uns Kerlen die Schmach zu ersparen, dass wir in der Beziehung, körperlich in den vergangenen Jahren etwas nachgelassen haben?

Bei den Male-Strippern, die ja bereits auf Hochglanz-Postern, lasziv räkelnd, dargeboten werden, frage ich mich nach einem Blick in die tiefblauen, leuchtenden Augen, immer die Frage – ob es nicht die Sonne sein kann, die durch den hohlen Kopf scheint.

Neid? Weit gefehlt, klar könnte ich auch Pirouetten drehender Weise über den Flokati tänzeln und in geschickter Manie mein Hemd ausziehen, aber dabei käme ich mir doch schon etwas doof vor. Ist es wirklich was unsere Frauen heute wollen?

Der Softie ist out, der Macho sowieso, der Naturbursche hat auch kaum noch Chancen ebenso wie der „Typ von nebenan". Müssen wir jetzt alle Stripper werden, um uns als Mann noch zu behaupten?

Wer kommt da noch klar? Wo sind die Tanzschulen, die uns 'nen Grundkurs in Sachen „Male Strip für Anfänger, Fortgeschrittene" geben. Neben der Tatsache, dass es anscheinend zunächst nur was „Nettes für's Auge" sein muss, setze ich weiterhin auf eine bewährte und sehr wirksame Methode bei den Damen!

Zuhören, Gefühl und Verständnis zeigen und auch mal einen Einkaufsbummel ertragen zu können und vielleicht Spaß daran zu haben. Ganz ehrlich, die Damen wissen es zu schätzen!

(05.03.1989)

Zuerst Valerian /
Theater

Theater, Theater – wer findet sie nicht oftmals erschreckend, diese unzähligen Neuinszenierungen von ach, so schönen Stücken, die bis zur Unkenntlichkeit NEU INSZENIERT wurden. Da taucht plötzlich Carmen in einem pinkfarbenen Kleid auf, in einer Kulisse, die aus Baugerüst besteht, und bei der Zauberflöte erscheint die Göttin der Nacht in einem Fetzen-Kostüm. Die Bühne in absolute Dunkelheit getaucht und von der Decke hängen Schlingpflanzen sowie Lianen. Erkläre mir doch mal einer, wie das nun zusammen passt. Bei ihrem Auftritt steht sie auf einem Berg von Mülltonnen, die sich im Kreise drehen.

Beim Bettelstudent ist die Kleidung auf ein Minimum reduziert worden, wobei „Minimum" heißt, dass es gar keine Kostüme mehr gibt. Bei der Neuinszenierung von Cabaret spielt das Orchester in den schiefsten Tönen und die Sängerin, einst so schön dargestellt von Liza Minnelli, singt, dass es zum Weglaufen ist. Alles neu macht der März. Jetzt wieder eine Premiere: DIE PIEPS-SHOW, diesmal keine Neuinszenierung, sondern ein ganz neues Stück – fragt sich nur, wie die Neuinszenierung dieser Show in zehn Jahren aussehen wird. Statt prächtiger Vogelkostüme alles in dezentem Stahl-Plastik-Look und statt einer tollen, mühevoll hergestellten Bühnendekoration fette Spinnennetze mit Spiegelkugeln und Laser-Effekten... na, dann...

(08.03.1989)

Zuerst Valerian /
Ohne Titel

(19.04.1989)

Zuletzt Valerian /
Ohne Worte

Zuerst Valerian /
Mensch und Maschine

Dass Menschen sprechen können und Herzen – das wissen wir bereits. Dass Tiere eine „Sprache" haben, ist auch weitgehend bekannt. Dass Blicke sogenannte „Bände" sprechen können, hört man auch des öfteren, aber wie steht es mit Computern, Maschinen und Automaten?

Dass einen nervende Kollegen oder unliebsame Mitmenschen mit ihrem Gerede schier zum Wahnsinn treiben – das kennt wohl jeder von Euch – aber wenn sich der Zigarettenautomat bei mir freundlich für den Kauf einer Schachtel Zigaretten bedankt, könnte ich zur rasenden Furie werden. Dieses Wunderwerk der Technik im frühen amerikanischen Stil in Naturholz-Nachbildung steht nun aber direkt und unübersehbar in nächster Umgebung und mault mich auch noch an, wenn ich mal wieder eine Unterlegscheibe statt einer Peseten-Münze einwerfe. Das ist der erste Schritt zum vollkommenen Verkäufer – traurig, nicht wahr?

(26.04.1989)

Zuerst Valerian /
Geburtstage

Ich schlage meinen Kalender auf, und was sehe ich?
Vor zwei Tagen hatte ein Freund und in drei Tagen hat Tante
Elisabeth Geburtstag. Schande! – Ausgerechnet – das mir ...
Sicherlich wird mir diese Nachlässigkeit wieder monatelang
nachgetragen, obwohl die Geburtstagswünsche zu meinem
Geburtstag doch mindestens fünf Tage zu früh eintrafen. Schön
und gut, eine nette Karte und ein Brief dazu werden alles wieder
ins rechte Lot bringen. Aber was ist mit dem Geburtstag von
Tante Elisabeth? Der ist in drei Tagen, einen Brief oder eine
Karte abzuschicken ist sinnlos, da die Post mindestens zwei
Wochen unterwegs ist, und anrufen? – zwecklos! Meine Tante
verbringt ihren Geburtstag nie zu Hause, sondern meist im
Vereinsheim des Landfrauen-Clubs oder im Wohltätigkeitswerk
irgendeiner Organisation für irgendetwas. Telegramm, Telex,
Telefax ...

Am besten vergesse ich es auf der Stelle und schreibe einen
Entschuldigungsbrief, dann brauche ich wenigstens nicht zu
hetzen und habe Brief und Glückwünsche verbunden ...

(01.05.1989)

Zuletzt Valerian /

„Blocksberg ist jeden Tag."

Zuerst Valerian /
Leasing

Leasing all over the world ... Leasing ist ja das
„Newcomer"-Wort in den letzten Jahren geworden. Egal, ob es
nun um's Auto, Videogerät oder den neuen Küchenmixer geht.
Ob Wohnzimmereinrichtung oder Einbauküche – alles geleast!
Aber denkt man noch, es gibt nichts, was es nicht zu leasen
gibt, hat man sich schwer getäuscht! Jetzt leasen wir uns auch
Diamantringe und Perlenketten, Kolliers und Brillantdiademe
von unschätzbarem Wert, um auf der nächsten Party zu
„glänzen". Ein Leasing-Schmuck-Versand in Hamburg macht's
möglich!

Für ein Butterbrot und ein Ei kann man der neugierigen
Nachbarschaft schon mal das Maul aufreißen, wenn die Dame
des Hauses im geleasten Nerz mit ihrem Leasing-Schmuck von
der schwarzen Leasinglimousine abgeholt wird. Fehlt eventuell
nur noch der jungendliche Begleiter. Aber auch hier gilt: „Hast
Du keinen – leas' Dir einen!"

(02.05.1989)

Zuletzt Valerian /

„Kannst Du mir mal 'nen Wein leasen?"

Zuerst Valerian /
Schöner Wohnen

Wer kennt Sie nicht, die zahlreichen bunten – und vor allem teuren Zeitschriften über's schönere Wohnen?
Jeden Monat sitze ich also vor einem Berg dieser aktuellen Zeitungen und staune, was es in puncto Inneneinrichtung wieder Neues gibt – UND ES GIBT SEHR VIEL NEUES!
Nach der zehnten Seite bin ich wiedermal völlig demoralisiert, weil ich feststelle, dass für all diese praktischen Tips entweder das nötige Kleingeld nicht zur Hand ist oder meine Wohnung einfach zu klein.

Ich weiß: „Weniger ist mehr" – und das sagen mir auch die freundlichen Berater dieser Zeitung. Aber was weniger? Immer wieder denke ich, diese Magazine sind ausschließlich für Besitzer von 25-Zimmer-Wohnungen oder Lagerhallen bestimmt. An uns Durchschnitts-Wohner wird wieder einmal vorbei geplant. Schöner wohnen? – Schön und gut – aber wo?
Meine dreimal im Monat Wohnung-Umräum-Aktion habe ich nach mehr als einem Jahr aufgegeben. Ein einfacher Trick half mir dabei!

Ich schnitt die schönsten Fotos aus diesen Zeitungen aus und rahmte sie ein. Mittlerweile habe ich eine ganze Wohnungsgalerie in meinem Wohnzimmer hängen. In der Mitte hängt ein besticktes Tuch, worauf zu lesen ist: „Wer die Wohnung nicht ehrt, ist des Neubaus nicht wert."

Und dann klappe ich diese Magazine zu und genieße bei einer guten Tasse Kaffee meine schöne Wohnung!

(03.05.1989)

Zuerst Valerian /
Unzufriedenheit

Über die Unzufriedenheit mancher Leute: Also, es
gibt doch immer noch Menschen, denen man nichts recht
machen kann! Kennt Ihr das auch? Unzufriedenheit über das
Fernsehprogramm, über Politik und über die Arbeit. Tja, mir
geht es auch so – unzufrieden bin ich meistens morgens beim
Blick in den Spiegel, wenn ich feststelle, dass meine Haare total
platt anliegen, wo ich gerne ein bisschen mehr Fülle hätte ...
Auch mit meiner GAZETTE bin ich manchmal unzufrieden,
weil ich mir meine Berichte immer erst kurz vor „Schreibbeginn"
ausdenke, Stunden damit zubringe, diesen klapprigen Drucker
in Bewegung zu bekommen und irgendwo immer noch Leute
am Mosern sind, dass das Wetter in Deutschland und die
Lotto-Zahlen nicht abgedruckt werden. Dass die GAZETTE
aber immer schon einen Tag im voraus geschrieben wird und
somit auch eine gewisse Aktualität verlorengeht, will auch
nicht akzeptiert werden. Und die Gazette irgendwann nachts
schreiben? – Wirklich nicht! Wenn mir keine sieben Stunden
Schlaf zukommen, sehe ich morgens furchtbar aus – und da sind
wir wieder auf dem Punkt ...

(20.05.1989)

Zuerst Valerian /
Sportiv

Also, geht es Euch auch so – man schlägt eine Illustrierte auf und schon stellt sich das berühmte „schlechte Gewissen" ein. Ständig werden uns auf unzähligen Farbseiten die neusten Sporttrends vorgeführt: AEROBIC, WOGGEN, JOGGEN, WASSERGYMNASTIK, YOGA, MUSKEL - und ENTSPAN-NUNGSTRAINING und vieles andere mehr. Jede Woche durchleide ich diese Magazine mit größtem Widerwillen, obwohl ich doch für all diese Sportarten irgendwie nie so rechtes Interesse gezeigt habe. Ich sitze hinter meiner Schreibmaschine oder auf meinem Bett, und da sind sie schon wieder, die SUPER-SONDER-FARBSEITEN. Die ganze Nation ist im Fitness-Stress, nur mich bekommen keine zehn Pferde in mit Schulklassen überfüllte Hallenbäder und auf ausgetretene Waldsportpfade. Alle stählen ihren bereits vom Hantel heben gut geformten Körper und recken und strecken sich – und ich sitze da und kann diesen ganzen Aerobic-Mode-Rummel nur lächerlich finden. Die Sportart, die für mich ideal wäre, muss erst noch erfunden werden – und bis es soweit ist, sitze ich lieber bei einer Tasse Kaffee, einer guten Tafel Schokolade und 'ner Zigarette weiter in meinem Büro.

(05.06.1989)

Zuerst Valerian /
Schreikrampf

Sehr geehrte Gäste, liebe Morgenmuffel, verehrte Restaurant- und Clubbesucher, liebe Urlauber, liebe Animateure, wertes Personal und alle sonstigen Lebewesen auf diesem wunderschönen Globus! Wisst Ihr, dass ich in Sachen Technik manchmal einen tierischen Schreikrampf bekommen könnte? Das wisst Ihr nicht? Gut, dann wisst Ihr es spätestens jetzt: ICH HABE NÄMLICH GERADE EINEN!!!!!

Der Versuch, diese informative und exquisite GAZETTE mit diesem schrecklichen Drucker herzustellen, treibt mich schier zum WAHNSINN, und wenn mir nicht so viel daran liegen würde, dass Ihr wisst, was heute passiert oder nicht passiert, dann würde ich mich am liebsten ins Bett legen, mir die Decke über die Ohren ziehen und vor dem nächsten Vollmond nicht mehr aufstehen...

Meine Hände sind mit Druckerschwärze verschmiert, mein Gesicht übrigens auch. Dieses teuflische Gerät brummt und klappert, nur eine gute Qualität will es um's Verpatzen nicht zutage bringen. Somit... ach, was rede ich noch... Seht selbst! Die Technik ist halt nichts für einen sensiblen Menschen wie mich...

(06.06.1989)

Zuletzt Valerian /

„Oh, da ist es schon wieder ..."

Zuerst Valerian / Küchenmaschine

So, da steht es nun – unser gerade neuerworbenes Haushaltsgerät. Aber welch einen Ärger und welch eine Missstimmung eine solche Neuerrungenschaft mit sich bringt ist vielen bekannt. Ein Beispiel gefällig? Seite 1 der beiliegenden, buntbedruckten Gebrauchsanleitung:

Nachdem die kluge Hausfrau alle Maschinenteile zuerst gereinigt hat. Vermeiden Sie bitte zu aggressives Scheuermittel, da die Plastikoberfläche sonst sehr bald matt wird. Schrauben Sie nun die Teile A und B so zusammen, dass die blauen Punkte (•) übereinander liegen. Danach können sie den kleinen Filter (C) an dem dafür vorgesehenen Ansaugstutzen befestigen, indem Sie den kleinen, ebenfalls beigefügten Schraubenschlüssel verwenden. Die inliegende Drehrotorscheibe aus mit rostfreiem Polyarthylanolbenzolfat beschichtetem, hochwertigem Metall durch kurzes Drehen nach links und rechts so justieren, dass die Auffangschale bei höheren Drehgeschwindigkeiten nicht in Mitleidenschaft gezogen wird. ACHTEN SIE UNBEDINGT DARAUF, dass die Teile F3 und M7 synchron laufen, ohne sich um Teil T4 zu wickeln. Ein eventuell entstehendes Schleifgeräusch unterbinden Sie, wenn der Anti-Skating Knopf nach rechts (▶) oder nach links (◀) gedreht wird. Wenn Sie nun den Verschlussdeckel in die dafür vorgesehene Mulde setzen (siehe Abb. 1) muss das grüne Licht (Ready) auf ihrer LCD-Anzeige (siehe Abb. 2) aufleuchten. Um Defekte zu vermeiden (das rote Licht (MISTAKE) leuchtet), bauen Sie alle Teile nochmals auseinander und beginnen Sie von vorne…

Wir gratulieren zum Kauf und wünschen Ihnen viel Spaß mit ihrer neuen Küchenmaschine von…

(14.06.1989)

Zuletzt Valerian /

„Ich liebe meine Schreibmaschine.“

Zuerst Valerian /
Noch 173 Tage

Habt Ihr mal ganz bewusst das Datum gelesen?
04. Juli 1989 – das heißt für uns: NOCH GENAU 173 TAGE BIS
HEILIGABEND!

Ja, da mag manch einer noch gar nicht dran denken,
aber 173 Tage sind schneller vorbei, als man gucken kann,
und „Rubbel die Katz" fängt der Weihnachtsstress wieder
an. Plätzchen backen, die ganze Verwandtschaft einladen,
Karten und Briefe schreiben und Geschenke kaufen – tja, was
verschenke ich eigentlich in diesem Jahr zu Weihnachten?
Vielleicht einen von diesen neuartigen Schnellkochtöpfen
mit eingebautem CD-Player? Vielleicht aber doch mal wieder
selbstgekochte Marmelade im antiken Glas oder gar ein selbstge-
schriebenes Kochbuch ...

Na, ich hab ja noch 173 Tage Zeit - warum also hetzen?

(04.07.1989)

Valerian, Animateur im Club Aldiana Fuerteventura, ist häufig im Gespräch; Anlaß genug, ihn einmal im »SEE YOU« all denen vorzustellen, die ihn noch nicht kennen. Er ist vielen Gästen sicherlich noch gut im Gedächtnis und das aus mehreren Gründen. Einmal bewegen seine Bühnen- und Gästeshows »Traumzeit« und »Künstleragentur Klövekorn« seit ihrer Premiere immer wieder die Herzen der Zuschauer, zum zweiten fasziniert er das Publikum immer wieder durch seine täuschend echten Parodien (z. B. Tina Turner). Und natürlich, was nicht vergessen werden darf, ist Valerian der Verfasser der Gazette im Club Aldiana Fuerteventura. Seit er das Amt des ‘Chefredakteures’ der Club-Zeitung übernommen hat, ist das Interesse an ihr enorm gestiegen. Die Gründe liegen sicherlich an der Zeitung selbst: Seien es seine Kolumnen »Hier bin ich«/»Zuerst Valerian«, in der er sich auch bei schwierigen Themen nicht scheut, seine Meinung zu vertreten und eindeutige Positionen zu beziehen; sei es die neu eingeführte Beratungskolumne »Fragen Sie Valerian«, in der er Anfragen von Gästen zu allen möglichen Themen beantwortet.

Valerian ist durch seine Art, die sich vom Durchschnitt abhebt und aber auch Konfrontationspunkte bietet, aus dem Club Aldiana Fuerteventura kaum noch wegzudenken. In diesem Sinne – zuerst Valerian!

II

In Ausgabe 1/90 des „See You“- Magazins, welches zweimal jährlich an alle Gäste aller Club Aldiana Anlagen geschickt wurde, erschien dieser Artikel.

Fragen Sie Valerian /

SONJA   Lieber Valerian,
beim Begrüßungscocktail am Pool sagtest Du, dass Deine
Beratung in allen Bereichen gilt. Bitte hilf mir! Seit ich auf
Fuerteventura bin, verstehen mein Freund und ich uns
überhaupt nicht mehr. Es läuft nix. Was kann ich tun?

VALERIAN   Liebe Sonja,
es wäre gut zu wissen, wie lange Ihr Euch schon kennt und
zusammen seid. Natürlich gibt es in jeder Beziehung mal ein
Tief. Sprecht Euch doch bei einem tollen Abendessen mal richtig
aus. Dass „nix" läuft klingt schlimm, lasse Dir doch für „Ihn"
mal ein paar Überraschungen einfallen: neue Frisur oder ein
paar nette Strapse (obwohl ich weiß nicht, ob man die hier
bekommt).
Zumindest haben Strapse noch nie geschadet (vergleiche: Lady
Chatterley und ihre Liebhaber), im Buchregal in der Landes-
bibliothek. Einfach mal rein schauen.

(04.07.1989)

Zuerst Valerian /
Nichts Positives

Wer kennt sie nicht? Tage an denen man morgens aufsteht und weiß: Der Hauptfilm hat schon angefangen und zudem noch der falsche. Mit einem Schrei des Entsetzens weicht man seinem Spiegelbild aus und auch sonst ist irgendwie nichts Positives an diesem Tag. Beim Frühstück geht's weiter. Zucker auf das Rührei, Salz in den Kaffee und der Blick in die Zeitung: „Bei einem Gipfeltreffen zwischen Kohl und Gorbatschow erklärte letzterer der Presse „Ich kann Ihnen nichts Positives mitteilen". Der Drucker mit dem ich versuche die Gazette zu vervielfältigen streikt auch schon wieder und ich bin von oben bis unten mit Druckerschwärze beschmiert wie ein Automechaniker. Entnervt, zurück im Büro, sitze ich an meinem Schreibtisch, rauche eine Zigarette und höre Radio. Der Nachrichtensprecher mit der netten Stimme sagt mir, dass Gorbatschow nach der Gipfelkonferenz erklärt habe, er könne nichts Positives mitteilen. Irgendwie verstehe ich den Mann langsam.

Ein Kollege kommt ins Büro geeilt, er meint, ich solle dringend mal zum Chef kommen, er wüsste zwar nicht genau, um was es geht, aber es sei sicher nichts Positives - und irgendwie kenne ich den Satz schon. Feierabend!

Ich sitze in meinem Bungalow bei einem Gläschen Wein und sehe die Spätnachrichten. „Beim Gipfeltreffen zwischen Kohl und Gorbatschow erklärte letzterer nach der Konferenz, er habe nichts Positives mitzuteilen."

Wenn der Tag schon damit anfängt, dass Politiker nichts Positives mehr zu sagen haben, braucht man sich wirklich nicht mehr zu wundern.

(05.07.1989)

Zuerst Valerian /
Top Ten

Jedes Jahr das gleiche: Alle Zeitschriften sind voll mit ihren Top-Ten-Listen. Die zehn am besten angezogenen Frauen/Männer der Welt und natürlich die zehn schlecht angezogenen Frauen/Männer der Welt. Die zehn erotischsten und die zehn unerotischsten Frauen/Männer der Welt. Die zehn besten und schlechtesten Schauspieler der Welt. Die Liste lässt sich beliebig ergänzen mit: Beste und schlechteste Schallplatte, schönster und langweiligster Hintern, bestes und schlechtestes Buch, etc., etc.

Das muss man sich mal vorstellen, da sitzen Hunderte von Leuten das ganze Jahr da und beobachten den schönsten Hintern, haben die nix Besseres zu tun? Es gibt doch so viele Arbeitslose ... sollen die doch mal zählen und aufschreiben. Wann kommt eigentlich die Liste mit der fleißigsten und schlampigsten Hausfrau des Jahres – oder die mit den intelligentesten und unintelligentesten Politikern, das wollen wir doch auch mal wissen, und nicht, ob John Donson jetzt einen knackigeren Hintern hat als Brigitte Mira. Da liegen ja auch Welten dazwischen. Mich müssten die mal fragen, ich hätte schnell die Listen voll, das könnt Ihr mir glauben!

(06.07.1989)

Zuletzt Valerian /

„Was Du mir heute kannst besorgen, das verschiebe nicht auf morgen."

Zuerst Valerian /
Keine Zeit

Ihr kennt das ja, meistens hat man gar keine Zeit, sich um etwas zu kümmern, um das man sich eigentlich kümmern müsste. Ein Blick auf die Uhr zeigt mir, dass schon wieder überhaupt keine Zeit vorhanden ist ...

Vielleicht reicht es gerade noch für eine schnelle Tasse Kaffee an der Poolbar, und dann aber nichts wie los! An der Poolbar viel Betrieb und die Kellner wissen nicht, wo ihnen der Kopf steht. Irgendwo beruhigend, ich weiß es nämlich auch nicht. Also – keinen Kaffee – lieber im Supermarkt eine Tafel Schokolade!

Der Supermarkt: Überfüllt mit Leuten, die von Briefmarken bis hin zur Sonnencreme alles brauchen, die Rechnung, ach nein, ich brauch' noch drei Briefmarken mehr ...

Somit ist der Schoko-Riegel gestorben, denn ich habe keine Zeit – letztlich muss ich die Gazette noch kopieren, und da ich die enorme Geschwindigkeit dieses Gerätes kenne, weiß ich schon jetzt, dass es unmöglich sein wird, einige Schriftzüge zu kleben ...

Ach, es ist schon schlimm, wenn man keine Zeit hat ...

(10.07.1989)

Zuerst Valerian /
Horoskop

Was entdecke ich beim heutigen Blick in die Zeitung?
Mein Horoskop!

Das mit Horoskopen ist allerdings für den Laien immer
eine sehr undurchsichtige Sache ... Habe ich heute noch eine
sehr negative Neptun-Uranus-Konjunktion, die mir eigentlich
jeglichen Umgang mit Menschen vermiest, so habe ich in einer
anderen Zeitung einen noch schlechteren Sonne-Mars-Aspekt
in einem 45 Grad Sextil zu meinem Geburtsherrscher, dem
Jupiter, was wiederum bedeutet, dass mein Verhältnis zu meinen
Führungskräften stark angegriffen ist und es leicht zu Krach und
Streit kommt. In einer anderen Zeitung steht, dass mein Son-
ne-Mond-Trigon auf dem Weg der Besserung ist, lese ich wieder
in einem anderen Magazin, dass mein Liebesglück nur noch an
einem seidenen Faden hängt; obwohl ich voll neuer Ideen bin,
soll ich nichts überstürzen!

Überhaupt wird ab Mitte des Monats alles besser für mich.
Finanzielle Schwierigkeiten werden sich wie von selbst lösen.
Allerdings muss ich mal wieder auf meinen Kreislauf achten
und damit rechnen, dass die Saturn-Mars-Konstellation schon
am Ende des Monats wieder böse mit mir umspringt und es
allerhand Schwierigkeiten geben könnte.

Soll ich jetzt daran glauben oder nicht?

Papst Johannes Paul der II. hat fünf Planeten im neunten
Haus und Madame Teissier sagt: „Das bedeutet, dass er viele
Reisen unternehmen wird".

Jetzt frag ich mich, woher Sie das weiß ...

(17.07.1989)

Zuerst Valerian /
Geld aus Plastik

Heute muss ich Euch etwas über Geld aus Plastik erzählen. Praktisch nicht mehr wegzudenken, bestimmen 5,4 x 8,5 cm große Plastikstücke, meist bunt bedruckt, unser Leben.

Handlich im Format, fast quadratisch, praktisch, ...

Für alles und für jeden ist das Richtige dabei. Mit großem oder etwas bescheidenerem Kreditrahmen in Himmelblau, Gold oder Silber. Exklusive Kundenkarte oder als Zahlungsmittel zum Tanken, ja selbst zum Telefonieren haben wir das kleine Kärtchen immer dabei! Abgebucht wird automatisch, prompt und sofort. Keine schweren Geldbeutel mehr schleppen und an der Kasse im Supermarkt, wie immer total überfüllt, nach Kleingeld wühlen. Nein! Jetzt zahlen wir ganz weltmännisch mit Card. Sollen doch die anderen Kunden in der Schlange noch ein bisschen warten, bis mein „Plastik" durch den Printer gejagt ist. Macht ja auch viel Eindruck, so mit fünfzig verschiedenen Cards wirken wir doch gleich viel seriöser, oder etwa nicht?

Karte verloren? – Kein Problem!

Ein Anruf zum Ortstarif sperrt das überzogene Konto und innerhalb weniger Stunden habe ich eine neue, nicht ganz so abgegriffene Karte in Händen. Irgendwo auf der Welt. Ich frage mich nur, wie dieser ganze Plastik-Kram irgendwann mal entsorgt werden soll, wenn wieder etwas Neues auf den Markt kommt. Wie wär's mit einer Maschine, die mit Laserstrahl deine Fingerabdrücke liest und dann Geld ausspuckt ...?

(28.07.1989)

Zuletzt Valerian /

„Zur Zeit ist kein Zugriff auf Ihre gespeicherten Daten möglich!"

Zuerst Valerian /
Galadinner

„Galadinner". Das ist so ein Wort, wo ich zur rasenden Furie werden könnte. Vor allem, wenn auf der Einladung steht: „In feierlicher Abendgarderobe", „In gepflegter Kleidung" oder „Festlich-leger, aber nicht zu locker"!

Gerade bei solchen Aufrufen möchte ich am liebsten einen Müllsack anziehen und mit schmuddeligen Klamotten und zerzaustem Haar erscheinen. Gala ist doch immer irgendwas Feierliches (sieht man ja oft genug im Fernsehen), was müssen uns die Gastgeber immer noch mal extra darauf hinweisen, dass wir uns ein bisschen in Schale werfen. Manchmal glaube ich, dass die Gastgeber gar nicht wissen, wen sie da einladen und vorsorglich darauf hinweisen, wie man zu erscheinen hat. Aber im Geheimen denke ich dann immer, dass es wohl egal ist, was ich anhabe – wenn mein Benehmen nun überhaupt nicht „galahaft" ist ...

Ich kann auch im Smoking dem Gastgeber sagen, dass er ein alter Trottel ist oder dass ich meinen Rotwein auch bei Aldi kaufe. Natürlich kann man der Gastgeberin sagen, dass der Hummercocktail zwar ausgezeichnet ist, aber der fertige aus dem Kochbeutel genauso schmeckt. Aber das sollte man natürlich oder besser nicht tun – denn man bringt sich damit um die schönsten Klatsch- und Tratschgeschichten, die man so bei einem Galadinner immer hört – und schon aus diesem Grund zwänge ich mich eben mal in meinen Frack, denn Anregungen zum Schreiben einer Kolumne sammeln sich nirgends besser als bei einem Galadinner.

(04.08.1989)

Zuletzt Valerian /

„Rettet die Austern, schlürft mehr rohe Eier!"

Zuerst Valerian /
Kultur

Immer wieder werde ich von aktiven Gästen auf die mangelnde Kultur in unserer GAZETTE angesprochen. Die Zuschriften und Anregungen treffen täglich Waschkorbweise in der Redaktion ein und es dauert sehr lange, alles zu lesen und zu beantworten. Da das Thema Kultur in der GAZETTE aber am häufigsten angesprochen wird, möchte ich heute etwas aus meinem Wissensbereich erzählen, mit dem ich mich zwei Jahre intensiv beschäftigt habe. Aus diesem Grund habe ich mein Fachbuch zur Hand genommen und folgendes Kulturelles für Euch aufgeschrieben:

(15.08.1989)

Zuerst Valerian /
Schlaflos

Wer kennt das nicht? Rechtschaffen müde von getaner Arbeit leg' ich mich ins Bett. Noch einmal ziehen die einzelnen Eindrücke des Tages an mir vorüber – nur einzuschlafen gelingt mir nicht. Es ist zehn Minuten vor zwei! Sssssss! Licht an! Irgendwo muss es doch stehen, dieses praktische Mückenspray, das mir eine ruhige Nacht garantiert. Vorsorglich sprühe ich mal etwas ausgiebiger und stelle fest, dass die Mücken das sehr erheiternd finden, als ich hustend und prustend den Bungalow verlasse und Zuflucht auf dem Balkon suche. Die Zeit vergeht und ich stehe in der frischen Nachtluft. Halb drei! Langsam hat das Mückenspray die Mücke gemacht und ich liege wieder in meinem Bett. Ich drehe mich von links nach rechts, von rechts nach links! Der Wasserhahn tropft – also hoch und ins Badezimmer. Nach mehreren Versuchen gelingt es, den nächtlichen Störenfried zur Ruhe zu bringen. Warm ist es auch noch. Ich trinke einen Schluck Vitaminsaft – es ist kurz nach drei ! Das Schäfchen zählen will auch nicht mehr helfen und so entschließe ich mich, Wäsche zu bügeln. Nach getaner Arbeit lese ich noch ein paar Illustrierte und mach' mir Notizen, was ich davon eventuell in der GAZETTE bringen kann. Es ist vier! Irgendwann nach der 30. Zigarette und der 25. Zeitung bin ich wohl eingeschlafen – am Schreibtisch! Ein Blick in den Spiegel zeigt mir nicht nur ein fürchterliches, monsterhaftes Aussehen, ich fühle mich auch so ...

Wem geht es genauso? Lasst uns doch mal gemeinsam etwas unternehmen, wenn wieder eine solche Nacht bevorsteht – ruft einfach mal an!

(16.08.1989)

Zuerst Valerian /
Der Atlantik

Stellt Euch einmal vor, was ich in den vergangenen Tagen gelesen habe. „Der Atlantische Ozean ist das instabilste und veränderlichste Gebiet der Erdoberfläche." Na also, was sagt man dazu? Und in einer alten Chronik steht: „Die Kanarischen Inseln, die vielleicht ein Teil des Atlantischen Reiches bildeten, wurden im 18. Jahrhundert von einer Reihe von Erdbeben heimgesucht, die sich über einen Zeitraum von fünf Jahren erstreckten."

Na bitte, und so etwas steht nicht im Reiseprospekt. Der Atlantische Ozean, unterirdisch ein brodelnder Lavakessel… ja, das ist doch mal interessant für zukünftige Regress-Ansprüche! Geht man nur einmal davon aus, dass das alle Jahrhunderte wieder passiert. Bitte schön, das 20. Jahrhundert ist noch nicht vorbei – und gerumst hat es auch noch nicht! Ja, da muss man sich doch mal Gedanken drüber machen. Wenn der Atlantik eben das „unstabilste" Fleckchen Erde ist, bitte schön – nach dem Ozonloch hat doch vorher auch keiner gefragt. Da stürzen eher ein paar Flugzeuge ab, als dass…

Na ja, aber die Wahrscheinlichkeit, dass hier gerade ein Erdrutsch oder so etwas…

Wo jetzt fast zwei Jahrhunderte Ruhe gewesen ist – LÄCHERLICH!

(17.08.1989)

Valerian aus den Augen seines Bühnenbildners

Zuerst Valerian /
Liebeskummer

Liebeskummer lohnt sich nicht, my Darling – schade um die Tränen in der Nacht, Liebeskummer lohnt sich nicht my Darling, weil schon Morgen dein Herz darüber lacht. „Über wen lacht mein Herz?" – ÜBER MICH – es muss ja über mich lachen, weil ich mich mal wieder zum Trottel gemacht habe, oder wie sieht das aus ...

Wurde eigentlich mal statistisch errechnet, wie viel Zeit ein Mensch im Leben mit LIEBESKUMMER zubringt? Das interessiert doch auch, oder? Also, mich schon! Die Liebe ist ein seltsames Spiel, sie kommt und geht von einem zum andern ... Also, Schlager und Bücher über die Liebe gibt es in rauen Massen, aber die Liebe?

Oscar Wilde sagt „Wenn man liebt, betrügt man am Anfang sich selbst – und später nur noch die anderen."

Na Bravo!

So habe ich es mir immer vorgestellt. Halten wir es doch besser mit Gitte, die da einst sang: „Ich hab die große Liebe verspielt in Monte Carlo – alles verspielt, ganz allein fahr' ich nach Haus' ...", und dann war da noch das Lied mit: „In der Nacht ist der Mensch nicht gern alleine, denn die Liebe im hellen Mondenscheine, ist das schönste – wenn sie wissen was ich meine ..."

Und dann sagt mir jemand: „Liebe Dich selbst wie deinen Nächsten", verdammt noch mal, wie denn, wenn ich Liebeskummer habe?

(31.08.1989)

Zuletzt Valerian /

„Flucht ist auch ein

Standpunkt."

Zuerst Valerian /
Galadinner

Das ist so eine Sache – mit dem Essen ...

Wenn man sich mal die Zeit nimmt und sich so umschaut, wie und was die Leute essen, dann wird's echt spaßig!

Vanille-Eis mit Tomaten-Ketchup, Fisch auf Erdbeergrütze, Tintenfisch-Salat mit Parmaschinken, nappiert mit Sauce Vinaigrette und Röstkartoffeln und vieles mehr bietet der Gourmand-Führer, den ein großer deutscher Buchverlag jetzt auf den Markt bringen will. Die Feinschmecker-Epoche ist zu Ende. Jetzt wollen wir keinen Schnickschnack mehr, sondern volle Teller. Nicht Klasse, sondern Masse zählt (???).
Nun gut, nichts gegen eine leckere Currywurst vom Pappteller oder einen Gummi-Burger im umweltschädlichen Styro-Päckchen, aber wo bitte kommen wir hin, wenn jeder Tafelspitz mit Schokoladensauce wollte?

So geht es doch nun wirklich nicht ...

Schauen wir doch gerade mal auf den Teller unseres Tischnachbarn, so etwas isst der? – Also, da hat man ja schon das Gefühl, dass dieser Mensch am Buch über „Gourmet sein ist schwer – Gourmand dagegen sehr" schon mitgeschrieben hat. Aber wie lautet doch das alte Sprichwort:

Man ist – was man isst!

(05.09.1989)

Zuletzt Valerian /

„Woher wissen wir eigentlich, dass der Teufel in der Not Fliegen frisst?"

Zuerst Valerian /
Klick

Klick! – Bitte recht freundlich!
Wenn es etwas gibt, das mir gehörig auf die Nerven geht, dann
sind es „schießwütige" Menschen, die den ganzen Tag und auch
noch spät abends in der Gegend rumballern. Hier ein Foto, da
ein Schnappschuss – die gesellige Runde bei Tisch, und, und,
und …

Viel schlimmer hingegen ist es, wenn man versucht, mich,
natürlich ganz unbemerkt, auf Film zu bannen – so à la „das
merkt er nicht".

Oder wenn man mir ständig mit dem Fotoapparat
nachschleicht und mir zu guter Letzt auch noch mit diesen
Teufelsgeräten in die Augen blitzt. Ich mag nun einmal nicht
fotografiert werden, auch wenn man noch so hartnäckig darauf
besteht! Muss ich mich fotografieren lassen wie im Zoo, nur weil
ich Animateur bin? Also, das mag ich ja nun wirklich nicht, oder
ist die Einstellung falsch?

Keine Ahnung, ich mag es halt persönlich nicht, wenn's
auch schwer zu verstehen ist. Die Monroe hat früher alle
Negative, die ihr nicht gefallen haben, mit einer Haarnadel
zerkratzt – na, das sollte ich mal bringen – was glaubt Ihr, was
dann los wäre …

Und trotzdem: Bitte keine Fotos!

(21.09.1989)

Zuerst Valerian /
Gloria

Schlösser, Schmuck, Glas und Ziegeleien, eine Bank, eine Brauerei, 320.000 Hektar Land in Deutschland, Wald in Kanada. Laut US-Wirtschaftsmagazin „FORTUNE" fünf Milliarden schwer. Ihr wisst, um wen es geht? – Um Ihre Durchlaucht Johannes Baptista des Jesus Maria Louis Miguel Friedrich Bonifazius Lamoral Fürst von Thurn und Taxis nebst Ehegattin Gloria Mariae, Fürstin von Thurn und Taxis. Irgendwie wundert mich das schon, wenn man das alles liest, wo doch nach dem Krieg alle nur mit 40 DM angefangen haben. (?!?), da kommt man schon ins Grübeln, wie die das machen. Wohnsitz des ungleichen Pärchens (ER: 62, SIE: 28) „Schloss St. Emmeram" in Regensburg beantwortet alle weiteren Fragen: Das Schloss hat 500 Zimmer und über 20.000 qm Wohnfläche. Die Putzkolonnen müssen 9.800 qm Parkett wienern, 7.300 qm Fensterfronten polieren und 12.000 Stufen scheuern!

Ich bin schon nach zwei Stunden Hausarbeit erledigt...

Johannes, früher als Party-Schreck bekannt, überlässt das Possen-reißen jetzt seiner Gloria – was diese wirklich beherrscht (4.000 DM Taschengeld monatlich).

Mich würde ja mal interessieren, was passieren würde, wenn ich (wie Gloria) mit einer Harley durch meine Drei-Zimmer-Küche-Bad-Wohnung rasen und in meiner Stammkneipe dem Kellner ein Käsesandwich an die Stirn werfe...
Auch wenn Gloria zuweilen ein bisschen frischen Wind in die Fürstenhäuser bringt, tauschen möchte ich nicht mit ihr – wie sieht es mit Euch aus?

(25.09.1989)

Zuerst Valerian /
Abgespannt

Sind Sie müde und abgespannt? Leiden Sie unter Einschlafstörungen, Kreislaufproblemen und Durchfall? Haben Sie heftiges Stechen in der Herzgegend und Haarausfall oder etwa Blutarmut? Auch gegen Sodbrennen, Schluckauf und Gallensteine gibt es ein wirksames Mittel, als Dragee oder flüssig, jederzeit griffbereit. Es eignet sich zum Inhalieren, zur äußeren Anwendung genauso wie zum Einnehmen. Auf der Basis rein pflanzlicher Kräuterextrakte...

Das Mittel kann unbedenklich auch über längere Zeit ohne Befragen des Arztes eingenommen werden und hat bisher keine nachgewiesenen Nebenwirkungen. Wo Sie es erhalten?

Ganz klar: REZEPTFREI ÜBERALL DA, WO ES MUMPITZ ZUM VOLLEN PREIS GIBT.

(29.09.1989)

Zuletzt Valerian /

„Also doch …“

Zuerst Valerian /
Essen im Flugzeug

Wer kennt es nicht, das sagenhafte Essen im Flugzeug?

Ich mag das ja schrecklich gerne, diese kleinen Alutabletts mit den zahnschonenden Gummibrötchen und diesem hübsch eingepackten Plastikbesteck. Sofort fühlt man sich an eine Szene von Loriot erinnert. Sehr apart, die schmutz- und feuchtigkeitsabweisenden Papierservietten. Was wäre so ein Flug ohne die leckeren Fertigsalate und die gute Butter von glücklichen Kühen, die das Brötchen schmieren zu einem Erlebnis macht, wenn das Plastikmesser nach dem ersten Versuch in winzige Splitter zerspringt. Kleine Papiertütchen, meist in so schlechtem Druck, dass man außer dem Firmenemblem der Fluggesellschaft nicht erkennen kann, was drin ist, und man dann, hat man die Tüte erst mal offen, das Erfrischungstuch statt des Zuckers in den Kaffee schüttet. Über den Platz, der einem für dieses Mahl zur Verfügung gestellt wird, wollen wir erst gar nicht sprechen. Immer wieder abenteuerlich sind auch die warmen Menüs und das meist süße, oft viel zu süße Dessert im Ex-und-hopp-Becher, welches jegliches Haftgel für dritte Zähne überflüssig macht. Beachtenswert sind da nur die Stewardessen, die diesen Jet-Set-Mampf mit einer ungeheuren Souveränität und Gelassenheit an den Mann oder die Frau bringen, die ich sonst nur von qualifizierten Psychotherapeuten kenne. Hochachtung, liebes Flugpersonal!

(Oktober 1989)

Zuerst Valerian /
Nikolaus

In vier Wochen ist Nikolaus. Tja, was fällt einem dazu ein?
Weihnachtsdekorationen im Kaufhaus (seit Anfang
August), Nüsse, Äpfel, ätzendes Wetter – wenn überhaupt
Wetter! Mittlerweile ist das Bild des Weihnachtsmann'
etwas verschwommen, seit eifrige Studenten-Job-Agenturen
ungelernte Aushilfs-Weihnachtsmänner vermitteln. Auch
politische Äußerungen von Weihnachtsmännern (Draußen
vom Walde komm' ich her, ich muss Euch sagen, da wächst
bald nix mehr.) sind nicht besonders beliebt. Vielleicht liegt das
Problem auch mehr an den Kleinen, die absolut kein Gedicht
mehr aufsagen wollen. Tja, als Weihnachtsmann hat man es
nicht leicht, und letztlich ist dies nicht mal ein anerkannter
Ausbildungsberuf, obwohl man bei manchen Behörden ständig
auf irgendwelche Weihnachtsmänner trifft. Weihnachtsmänner haben's wirklich schwer. Waren früher Äpfel, Nüsse und
Korinthen in dem großen Sack, muss sich der arme Mann heute
mit Personal-Computern, Videospielen und Horror-Spielzeug
abschleppen. Wirklich kein angenehmer Job. Auch wird das
Verteilen immer schwieriger, seit Zentralheizungen ihren Einzug
in die Häuser gehalten haben und man fast nirgends mehr einen
Kamin vorfindet. Weihnachtsmänner, die im Park lauern und
im schwachen Licht einer Laterne ihren roten Mantel öffnen,
gehören sicherlich nicht zu der weithin bekannten Gattung des
Weihnachtsmannes, sondern eher ...

Wie man also einen echten Weihnachtsmann erkennt, das
muss jeder für sich selbst herausfinden. Aber seid dabei nicht zu
grob, denn der weiße Rauschebart kann durchaus echt sein ...

(06.11.1989)

Zuletzt Valerian /

„Lieber ’nen Hochstapler im Bett als ’nen Tiefflieger im Dach.“

Die „Regen & Sturm"-Gazette erschien immer mit alternativem Programm, wenn das Wetter einmal einen Strich durch unsere Tagesplanung machte. Sie kam nur dreimal als Aushang zum Einsatz.

Zuerst Valerian /
Titanic

29. Oktober 1987. Ein denkwürdiger Tag. Der Tresor und
weitere 800 Gegenstände werden aus dem 1912 gesunkenen
Luxusdampfer TITANIC geborgen. Ein paar Halsbänder und
Ohrringe, verrottete Dollarscheine und ein wenig Kleingeld –
mehr ist nicht im Tresor. Die Kosten für die Bergung belaufen
sich auf rund zehn Millionen US-Dollar. Aus der Traum vom
versunkenen Schatz. Doch es warten immer noch viele ungelöste
Dinge auf uns Menschen. Die Übertragung von Platos Bericht
über einen Kontinent namens Atlantis ist bis heute nicht
bestätigt. Auch wenn die Vermutungen darauf hinauslaufen,
dass die Berge dieses einstigen achten Kontinents noch heute
über die Wasseroberfläche reichen. Heute würden diese Berge
dann Azoren und Kanarische Inseln heißen. Was ist mit all den
versunkenen Städten, versunkenen Schätzen – wird man jemals
darüber Auskunft erhalten – oder tun wir besser alles weiterhin
als Sage ab und verschließen unsere Augen?

Die Entscheidung liegt bei jedem selbst. Tiefer, tiefer,
irgendwo in der Tiefe gibt es ein Licht ...

(17.01.1990)

Flipper Club Gazette

AHFL. 150 EXP. NR. 1/210
SONNTAG; 28.07.1990

NEU IM CLUB !

Kinder, Kinder !

Endlich ist es soweit. Zum ersten Mal in einem CLUB ALDIANA
gibt es eine GAZETTE nur für Euch.

So wisst Ihr immer was läuft und Ihr könnt selbst noch
kreativ mithelfen. Wie? - Na ganz einfach. Ihr könnt
Geschichten schreiben, oder Titelbilder malen,und,und,und ...

Natürlich helfen Euch die FLIPPER CLUB ANIMATRICEN dabei.

Viel Spass mit unserer FLIPPER CLUB GAZETTE im
CLUB ALDIANA FUERTEVENTURA wünschen Euch

SABINE, CHRISTINE, WILMA, MICHAELA und VALERIAN

~ Zum 1. Mal ~

Die 14-tägige „Flipper Club"-Gazette enthielt das Tages- und Abendprogramm von
Flipper & Jugendclub, die Titelseite wurde von den Kindern gestaltet.

Die „Show"-Gazette war als Leporellofaltung geplant und sollte die jeweiligen Abendshows dieser Woche vorstellen. Für jede Veranstaltungswoche war eine Ausgabe geplant. Mit der Club-Schließung wegen Renovierung und meinem Weggang ist sie leider nie erschienen.

„Ich glaube, es sind Bakterien in meinem Kühlschrank. Heute morgen hat mich meine Remouladensauce gegrüßt."

Zuerst Valerian /
Bum-Bum

Habt Ihr das gelesen ...

Unser Bum-Bum-Boris hat in einem Interview gesagt – Zitat: „Selbst wenn ich ein Staubsauger wäre, würde Karen mich lieben!" – Zitat Ende.

Soweit ist das schon? Der ist doch gerade mal so alt wie ich, aber ich wollte noch nie ein Staubsauger sein. Gut, ich spiele auch nicht Tennis, aber stellen wir uns doch bitte einmal ein Melbörn-Open zwischen Lendl und einem Staubsauer vor ... Was treibt einen jungen Menschen zu solchen Äußerungen?

Seine Mutter ist auch nicht glücklich: „Nie ist er Zuhause. Ja, gute Frau, dann hätten Sie Ihren Sohn mal besser zu „Jugend Forscht" geschickt als auf einen Tennisplatz! Ich weiß zwar nicht, mit wem unser Boris jetzt zusammen ist, (ist es noch Karen oder ist sie jetzt mit einem Staubsaugervertreter zusammen?) aber das Mädchen kann sich doch freuen, irgendwann ist ohnehin Schluss mit dem Tennisspielen, und wenn er dann Zuhause so ein bisschen als Staubsauger im Haushalt hilft, ist doch super!

Aber, liebe Karen, sollte er demnächst denken, er sei ein Toaster – dann ruf' mich umgehend an, bevor ich mir im Fachhandel einen teuren kaufen muss.

(30.01.1990)

Zuerst Valerian /
Vera

Vera Drombusch, die aus Darmstadt, kennt Ihr doch!
Gott – was die arme Frau alles durchmacht, das geht einem
richtig zu Herzen. Die Schwiegertochter verprasst die Kohle,
Marion lungert in Bars 'rum – und dieser Doktor Sanders sitzt in
der Wüste.

Na gut, von mir aus kann er da auch bleiben. Ja natürlich,
der hat doch die Vera auch nur ausgenutzt. Mal die Ex-Frau, mal
Vera, mal einziehen, mal ausziehen – so etwas passt doch gar
nicht zu der ...

Onkel Ludwig, der liebt sie. Geld hat er ja jetzt auch und ist
auch sonst eine liebe Seele, aber der Bauch ...

Ich meine, den heiratet die ja mit, falls es soweit kommen
sollte. Das weiß die Vera Drombusch auch und deshalb tröstet sie
sich weiterhin mit ihren Kalenderweisheiten für jede Lebenslage.
Die Oma wird auch immer schusseliger und die Antiquitäten
verkaufen sich auch nicht mehr so gut wie in der ersten Folge.
Tja, was soll man der Frau raten – wo sie immer Rat spendet –
zwei Jahre soll sie noch weiter leiden. Das ist im „Denver-Clan"
immer besser geregelt – wieso kriegen die deutschen Autoren das
nicht hin?

Aber den Kopf nicht hängen lassen, liebe Vera, noch ist
nicht aller Tage Abend. Gib dem Sanders endlich den Laufpass
und denk' immer an die Weisheit: „Wer nie sein Brot mit Tränen
aß, wer nie in kummervoller Nacht auf seinem Bette weinend
saß, der kennt Euch nicht, ihr himmlischen Mächte."

(26.03.1990)

Zuerst Valerian /
Skandal

Wisst Ihr was mir so in den letzten Wochen aufgefallen ist? In unseren Zeitungen sind keine richtigen Skandale mehr zu finden. Ja, es ist wahr! Ozonloch ist out, kein Gift mehr im Wein und kein Dioxin in irgendeinem Vorgarten. Sogar in den Königs- und Fürstenhäusern ist es im Moment verdammt still. Na vielleicht mal 'ne kleine Information über das neue Kleid von Diana und den geplanten Osterurlaub von Silvia und den Kindern – aber mal im Vertrauen: Soll das alles sein ?

Da muss jetzt mal was passieren, und wenn es unsere Illustrierten nicht hinbekommen, dann fange ich mal an!

Wusstet Ihr, dass die Queen nun doch bald Ihren Thron an Charles weitergibt und das Linda Evans (die holde Denver-Krystle) lieber Günther Pfitzmann geheiratet hätte. Ach nein, das war ja die andere Blonde – aber dafür hat Stephanie von Monaco ... und Boris Becker hat in irgendeiner Badebucht ganz ohne – ja seht Ihr mit ein bisschen Wille geht es doch ...

(28.03.1990)

„Schütte kein Wasser vom Balkon auf Leute, die darunter lachen. Du würdest auch keine Träne vergießen, wenn es Ihnen schlecht ginge."

Zuerst Valerian /
Zukunft

Schon einmal etwas von zentrifugaler Schwerkraftverschiebung im Sinne geografischer Richtungsverschiebung gehört? Nein? – Nicht schlimm!

Auch könnte man bezweifeln, dass es kleine grüne Wesen vom anderen Planeten gibt. Da fällt mir ein, dass in Russland doch erst vor einigen Monaten so eine Untertasse gelandet ist. Dieser fremde Besucher ist aber Gott sei Dank nicht auf dem roten Platz gelandet. Was glaubt Ihr, wäre da wieder los gewesen…

„Es" stieg aus und hat laut: „Glasnost Hurra" geschrien. Also wirklich!

„Es" soll mindestens fünf Augen gehabt haben und eine Figur wie eine Germania – und am Ende nette Grübchen wie Krystle Carrington, was?

Tja, die Gedanken sind frei. Warum stellen die mich nicht ein – ich sitze jeden Tag mit so einem Wesen im Büro und trinke Kaffee mit ihm – aber das ist der Presse wohl zu real, oder was?

(04.04.1990)

„Ich lebe in einer Seifenblase.“

Zuerst Valerian /
Waage mit Bio-Rhythmus

Waage mit Bio-Rhythmus. Mal im Vertrauen, an die vielseitigen Spielereien des Hightech hat man sich nun langsam gewöhnt und trotz allem versetzen mich neue Errungenschaften immer wieder ins Staunen. Die neueste dieser Spielereien ist ja wohl die Waage, die neben meinem Gewicht, dem Idealgewicht und meiner exakten Lebensdauer auch meinen Bio-Rhythmus ausdruckt. Abgesehen davon, dass ich noch nie im Leben eine Waage gesehen habe, die richtig funktioniert, ist dieses Gerät wirklich beachtlich. Hat man es erst einmal mit allen Daten wie männlich/weiblich, Geburtsdatum und der Sprachauswahl gefüttert, erhält man ebenso schnell die gewünschten Informationen. Wäre man bei der Volkszählung gefragt worden, wie groß man ist, ob man männlich oder weiblich ist und wann man Geburtstag hat, na das Geschrei hätte ich hören wollen – aber bei einer solchen Waage ist das ja alles anders, oder wie?

Laut meinem heutigen Ausdruck (übrigens mein dritter) habe ich immer noch akutes Untergewicht und brauche einen täglichen Kalorienverbrauch von 3.443, um mein Idealgewicht zu halten (oder zu erreichen?). Mein Bio-Rhythmus ist auch auf dem dritten Zettel bei allen drei Linien (körperlich, geistig und seelisch) nur im Minus und zwar ordentlich.

Vorsicht ist geboten am 28., aber dafür habe ich wenigstens keinen kritischen Tag! Soll ich Euch etwas sagen, ich fühle mich eigentlich rundum wohl und zufrieden. Vielleicht stimmt etwas nicht mit mir, soll ich mir mal eine Neurose oder eine kleine Depression aussuchen...

(24.07.1990)

„Muss i' denn,
muss i' denn
zum Clübele hinaus,
und du mein Geld
bleibst da ... "

Zuerst Valerian /
Königshaus

Endlich gibt es wieder etwas Neues vom englischen Königshaus: Prinzessin Diana hat sich in ein Auto verliebt – ein knallroter Mercedes 500SL im Wert von 125.000 Mark. Insgeheim hoffte Diana darauf, dass Charles ihr den Wagen zum zehnten Hochzeitstag (Ja, so lange ist das schon wieder her.) schenkt. Das ist übrigens am nächsten Sonntag – ich schreibe das nur für alle, die noch schnell eine Glückwunschkarte schicken wollen. Charles hat aber abgelehnt. Die Königsfamilie fährt britisch. Ich gehe jetzt einfach mal davon aus, dass er das Auto und nicht den Fahrstil meinte. Was haben die in England eigentlich für Autos? Schwarze – und Taxen – und Mini Cooper ...

Prinzessin Diana in einem Mini Cooper; na das ist ja nun nicht gerade nach Protokoll, oder?

Ist doch auch Haarspalterei – als ob denen im Palast 125.000 Mark wehtun würden; können die doch bestimmt von der Steuer absetzen. So schlimm kann es doch auch gar nicht sein, wenn Diana mit einem Mercedes zum Einkaufen fährt, falls sie fährt. Einen Trabi hätte sie ja von vornherein nicht genommen, da bin ich sicher. Aber so einen schönen knallroten Mercedes 500 SL?

1992 ist doch auch Europäische Gemeinschaft angesagt, da können die im Palast doch schon mal den Weg bereiten. Dann soll ja alles viel freier sein, Import, Export und so – warum dann keine deutschen Autos am englischen Königshaus?

(26.07.1990)

Zuletzt Valerian /

„Ich halte es wie
die Queen:

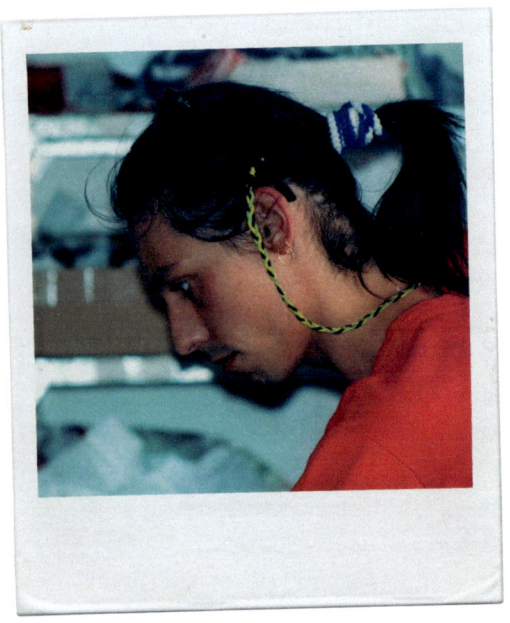

No Comments!"

Club Aldiana

Urlaub unter Freunden.

Unsere Umwelt und unsere Clubanlage
zu schützen und für alle so schön
zu erhalten - ist unser tägliches
Ziel.
Wir freuen uns auf Eure Unterstützung
und Euer Verständnis und wünschen Euch
einen erholsamen Urlaub unter Freunden.

Euer

Eberhardt H. Rues
Clubchef
CLUB ALDIANA FUERTEVENTURA

Es war einmal ...

Irgendwo auf einer kargen, südlichen Insel – irgendwo im Meer. Auf dieser Insel war die Zivilisation fast stehengeblieben. Es war wenig auszumachen, was dem Auge hätte Freude bieten können – und doch hatte diese Insel einen gewissen Reiz, den man ihr nicht absprechen konnte. Es gab allerdings ein Stückchen Erde auf dieser Insel, das einem wahren Paradies glich. Es war der schöne Teil der Insel, und ab und zu, wenn die Sonne in ihrem rotglühenden Schein hinter den kahlen Bergen versank und diese nicht mehr so stark geblendet wurden, schauten die Berge neidisch auf das unter ihnen liegende Stückchen Land. Diese werdende Oase war allerdings nicht von Natur aus so entstanden, sondern wurde in mühevoller Arbeit von Wesen gehegt und gepflegt, die man „Menschen" nannte. Diese Wesen „Menschen" waren stolz auf ihre Oase und so beschlossen sie eines Tages, andere „Menschen" zu bitten, hier ihren Urlaub zu verbringen. Auch die übrigen Bewohner dieser Erde sollten sehen, welche Schönheiten es hier gab – und somit wurde ein Club aus der Oase. Doch je mehr „Menschen" kamen, umso mehr musste man sich Gedanken machen, dies alles zu schützen, denn die Wesen gingen nicht gerade pfleglich mit der Grünanlage um. Die kleinen „Menschen" rissen mutwillig Blüten und Pflanzen aus, und die Sonne musste sich manchmal wirklich ihre glühenden Augen zuhalten, wenn sie dergleichen sah. Auch die großen Wesen verstanden anfangs nicht, warum sie die modernen „Urlaubs-Ausruh-Liegen" nicht auf den Rasen stellen durften. Der Rasen, der wegen des wenigen Wassers, das es auf der Insel gab, nur schwer zu pflegen war. Aber als der Rasen wirklich begann, braun zu werden, wie die nahegelegenen Berge, war allen klar, dass man ihn doch etwas mehr schonen musste als bisher angenommen. Aber schon am nächsten Tag hatten sich die „Menschen" ein neues Spiel ausgedacht. Sie trugen alle Handtücher aus ihren Unterbringungen zum Wasser, um sie dort auf den „Urlaubs-Ausruh-Liegen" zu verteilen. Anscheinend wollten sie damit symbolisieren: Dies ist mein Reich!

Als die Wesen, die mit dem aufräumen und säubern der Unterbringungen beschäftigt waren, keine neuen Handtücher mehr brachten, weil sie immer nur alte gegen neue tauschten, stieß dies auf allgemeines Unverständnis. Auch wenn diese Wesen sonst als sehr intelligent galten, schienen sie wenig Rücksicht auf ihre eigene oder die Gesundheit ihrer „Mitmenschen" zu nehmen. Sie ließen Gläser herumstehen, und der Wind, der ebenfalls hier sein Zuhause hatte, machte sich einen Spaß daraus, mit diesen zu spielen, bis sie in winzige glitzernde Einzelteile zersprungen waren, und sich schließlich andere Wesen der Gattung daran verletzten. An den Stationen, an denen man sich Getränke besorgen konnte, schien auch im Umgang mit anderen „Menschen" wenig Harmonie zu herrschen. Die Wesen waren ungeduldig und oft unhöflich gegenüber den Bar-Wesen, welche nach besten Kräften bemüht waren, dem Andrang nachzukommen, aber ein unhöfliches Wort durfte man nicht zurückgeben. Immer wurde ein freundliches Lächeln erwartet, obwohl doch jeder weiß, dass der Gast König ist, dies aber nur, wenn er sich auch wie einer verhält. Mit dem Essen im Restaurant war es ähnlich. Die Buffets boten alle Köstlichkeiten, die in großen Mengen aufgebaut waren. Die Wesen luden sich ihre Teller voll, auch wenn sie die übergroßen Portionen offensichtlich nicht essen konnten. Anscheinend hatten sie nicht verstanden oder übersehen, dass die Auswahl dazu gedacht war, für jeden Geschmack etwas zu bieten und nicht, dass man das alles essen müsse. Nur wenige wussten, dass das Chef-Wesen der Küche immer ein offenes Ohr für Sonderwünsche hatte – aber einigen fiel das doch auf. Auch die Tiere, die sich hier heimisch fühlten, schienen diese „Menschen" nicht mehr zu verstehen. Die Wesen servierten den Katzen das Essen auf feinen Porzellantellern – gerade diejenigen, die doch sonst so penibel waren mit ihrem Essgeschirr. Die einzigen Tiere, die ihren Spaß hatten, wenn auch nur für kurze Zeit, waren Mücken und Fliegen, die sich nachts in die Unterbringungen zurückzogen und die „Menschen" mit ihrem Gesumme um den Schlaf brachten. Allerdings gab es im Supermarkt kleine Stecker, die diesem nächtlichen, äußerst unliebsamen Besuch bald ein Ende bereiteten.

Den Wesen, die die anfängliche Idee hatten, ihre
wunderschöne Landschaft für alle zu einem Erlebnis zu machen,
wurde immer mehr klar, dass es schwierig war, etwas zu erhalten
für das Andere nicht den rechten Blick hatten. Alle hatten
diesen Blick für die Natur, aber nur Wenige verstanden ihn zu
nutzen. Aus diesem Grund beauftragte man einen Elfenhippie,
eine Geschichte zu schreiben – wie alles anfing und wie es
sich entwickelte – und so geschah es. Diese „Umwelt-Gazette"
wurde verteilt und jeder Gast verstand auf einmal, wie wichtig
es war, seine Umgebung und vor allem die Natur zu erhalten,
damit auch jeder Gast bei seinem nächsten Urlaub sich an der
Schönheit laben konnte.

(Die „Umwelt-Gazette" erschien erstmals im August 1990)

Zuletzt Valerian /

„Das Schnitzel
sieht bekloppt aus!"

Zuerst Valerian /
Wilhelm Tell

Wer kennt ihn nicht? Doch wer kann mir mal erklären, wie sich das im einzelnen verhalten hat? Da war irgend etwas mit einem Großgrundbesitzer und die Bauern waren diesem unterworfen. Das hat man ja heute auch noch hier und da, also gut und dieser Wilhelm Tell war einer, der sich nie verbeugen wollte, und aus diesem Grund musste er seinem Sohn einen Apfel vom Kopf schießen. Warum eigentlich einen Apfel? Das ist auch nie erklärt worden, oder doch?

Egal, irgendwie hat es ja geklappt und er war frei. Haben die dann die Schweiz in Kantone aufgeteilt oder war das später? Vor allem, durch welche hohle Gasse musste er eigentlich gehen? Da haben wir es doch wieder einmal. Klar ist, dass Schiller da auch irgendwie mit drin hing, aber der war eigentlich weniger beteiligt. An unseren Schulen wird seit Jahren immer dasselbe Zeug der Deutschland-Geschichte bis „zum Erbrechen" gepaukt und die grundprimären Dinge zum Schweizer Nationalfeiertag weiß keiner. Was fällt uns denn spontan zur Schweiz ein, mal im Ernst?

Schweizer Käse und Armbanduhren, Nummernkonto und Filmfestspiele in Montreux, Emil und der Genfer See und dass die Schweiz immer neutral war – Also bitte, wenn das alles ist, was wir über die Schweiz wissen, ist's ja wohl ein bisschen wenig, oder?

(01.08.1990)

Zuletzt Valerian /

„Lieber Haute Couture als Pickel und Mitesser."

Zuerst Valerian /
Katalog

Wer denkt bei Flugzeugen nicht auch an Fernreisen, an menschenleere Strände unter südlicher Sonne. Wir kommen ins Träumen und ignorieren die 250.000 Reisekataloge und Prospekte, mit denen wir im Reisebüro so freundlich überflutet werden. Bei unseren Träumen nach Sonne und Meer nehmen wir sogar Überschriften aus den oben genannten Katalogen („In unserem Golden Crown Attractions Hotel haben Sie von jedem Zimmer einen wundervollen Panoramablick.") nicht mehr gar so ernst, da wir wissen, dass sich der wundervolle Panorama-Blick nach unserer Ankunft in den Blick auf das gegenüberliegende Panorama-Hotel verändern wird, dass die „menschenleeren" Strände überbevölkert oder verdreckt sind und dass bei der Meterangabe der Entfernung vom Hotel zum Strand vor dem „Meter" meist ein „Kilo" fehlt. Stimmt da jetzt was mit den Prospekten oder mit unseren (Urlaubs-)Träumen nicht?

(06.09.1990)

Zuletzt Valerian /

„Nie war ich so wertvoll wie heute."

Zuerst Valerian /
Moderne Krankheiten

Dass ein modernes Zeitalter auch moderne Krankheiten mit sich bringt, ist im allgemeinen schon klar. Dass die meisten Krankheitsbilder im Urlaub nicht vorhanden sind, ist auch klar. Durchfall und vielleicht mal 'ne Sonnen-Allergie, mehr gibt es im Urlaub nicht, egal was in der Zeitung steht. Aber es tauchen immer neue Dinge auf, die mehr unseren Kopf als unseren Körper betreffen. Der „Cinderella-Komplex" ist ein Produkt dieser neuen Krankheiten. (Heimliche Angst der Frau/en vor der Unabhängigkeit.)

Klar – jetzt höre ich es schon – typisch Frau! Aber auch der Herr der Schöpfung wird nicht verschont – mit einem „Peter Pan-Syndrom" (Angst vor dem Erwachsenwerden, ständiges Festhalten an der Kindheit.)

Na bitte, ausgewogen sind diese neuen Krankheiten und noch dazu in Form einer hübschen Walt Disney-Figur präsentiert, hören sie sich auch gar nicht mehr so schlimm an. Hat man eigentlich schon mal von einem „Frau Holle-" oder „Bambi-Syndrom" gehört?

Wenn wir schon dabei sind: an manchen Tagen käme mir ein „Bernhard und Bianca-Syndrom" nicht ungelegen, obwohl es wiederum Tage gibt, an denen ich mich teuflischer fühle als Aschenputtels böse Schwiegermutter. Wie man das erkennt? – Schaut mir einfach mal ganz tief in die Augen!

(12.09.1990)

Zuerst Valerian /
Spiegel

Von Spiegeln geht eine mystische Macht aus. Sogar in alten Märchen haben sie ihren festen Platz. Sie sagen die Zukunft voraus und zeigen der bösen Hexe, wo sich gerade wieder eines ihrer Opfer herumtreibt.

Sicher, in unserem modernen Hightech Zeitalter kommt der Spiegel kaum noch zur Auffindung von Attentätern in Frage – dient vielmehr in allen möglichen Varianten der Raumdekoration und ziert unsere Badezimmer. Mal im Vertrauen, selbst der Ausspruch: „Zerbrochener Spiegel bringt sieben Jahre Pech auf der Stell.", scheint so alt und überholt wie ein Schrottauto auf dem Meeresboden. Nur Kinder nutzen seine magische Kraft noch ab und an, nämlich dann, wenn es darum geht „Geheimschriften" zu erstellen – so wie in dieser Kolumne praktiziert.

Ach, was gäbe ich um so einen alten, goldgefassten Spiegel, dem ich täglich auf's neue die Frage stellen könnte:

„Spieglein, Spieglein in der Hand ...

(20.09.1990)

Zuerst Valerian /
Spitze

Wie soll ich es sagen – unser heutiges Programm, der gesamte Tag, das Wetter, die Gazette und ich – heute ist so ein Tag, wo ich sagen kann, es ist alles:

(26.09.1990)

Zuerst Valerian /
Tag der deutschen Wiedervereinigung

Tag der deutschen Wiedervereinigung. Es ist soweit. Die Deutschen sind wieder ein Volk ohne Mauer. Ganz offiziell. Ein Tag der Geschichte. Ein Tag der gefeiert wird. Alle sind stolz darauf und ich sitze in meinem Büro und mache mir meine Gedanken über diese Kolumne – und über die Nationalhymne. Was spielen wir denn nun?

Die deutsche Nationalhymne, von der ja keine Strophe verboten ist – man aber eigentlich nur die dritte singt (Einigkeit und Recht und Freiheit für das deutsche Vaterland), oder spielen wir die der DDR? (Auferstanden aus Ruinen sich der Zukunft zugewandt).

Wir könnten doch auch von Beethoven „Freude schöner Götterfunken"... Das war ja schon einmal bei der Olympiade als gemeinsame Hymne, aber wer will das singen?

Vielleicht sollte man was ganz Neues machen, oder ja – wie wäre es eigentlich mit einem Medley? Da ist ja nun nichts gegen einzuwenden, oder?

Letztlich sollte man ja zur Vergangenheit stehen und vor allem stolz darauf sein, wo man geboren wurde. Ich bin also stolz darauf, dass diese Wiedervereinigung ohne Krieg und Diktatur zustande kam – ganz allein vom Volk aus.

Also, welche Hymne nehmen wir nun?

(03.10.1990)

Zuletzt Valerian /

„Habe ich ein gespaltenes Ego? Ich hasse Journalisten."

Zuerst Valerian /
Komet

Jetzt ist es soweit!

Der große Unglücksstern „1990UM" wird auf die Erde stürzen. Das konnte man kürzlich in einer bekannten Zeitung lesen. Der Aufprall auf der Erde wird Überschwemmungen und Erdbeben auslösen und durch die Staubentwicklung könnte sich der Himmel so verdunkeln, dass die Erde in einen ewigen Winter fällt. Man überlegt bereits, den Kometen mit Raketen abzufangen und gar auf eine andere Umlaufbahn zu bringen. Bis dahin sind zwar noch gut acht Jahre Zeit, aber das alte Sprichwort sagt schon: Was Du heute kannst besorgen ...

Ist das jetzt wieder nur einer von den Artikeln, die irgendwo erscheinen, weil sonst keine anderen Informationen vorliegen und somit ein weißes Nichts in der Zeitung abgedruckt werden müsste – oder ist da wirklich was dran?

Vielleicht ist es auch nur ein kleiner „Denkanstoß", der uns zeigen soll, etwas bewusster zu leben und zu erleben! Man muss ja nicht gleich Apfelbäumchen pflanzen, aber möglicherweise ist wirklich mal der Zeitpunkt gekommen, an dem wir unser Weltbild und dessen Anschauung mal grundlegend überdenken sollten. Jeder für sich, mal so in aller Stille. Warum nicht heute? Im Urlaub hat man doch die beste Zeit dazu; seien wir doch mal ehrlich – was ist denn schließlich aus unseren guten Vorsätzen vom letzten Silvester geworden?

(04.10.1990)

Zuerst Valerian /
Leben ohne Werbung

Was wäre unser Leben ohne Werbung? Es wären triste Fernsehabende, ohne Frau Sommer und ihre Krönung und ohne Frau Koch und ihrer Goldkante. Neuerdings geht es allerdings rund in den kleinen Werbefilmen. Die Aussagen, die dort teilweise gemacht werden, haben meines Erachtens wirklich wenig mit Werbung zu tun und beinhalten oft Wörter, die ich bisher noch nicht kannte. Warum schmeckt ein Schoko-Riegel plötzlich LEICHT? Und vor allem wie schmeckt LEICHT bitte? Eine Erfrischungsbrause die jetzt LEICHT-WIEGIG und UNKAPUTTBAR ist.

Was soll man davon halten? Warum sagen die einem nicht einfach, was das Produkt ist oder was es macht und gut ist es! Ich schreibe ja auch nicht, dass unsere Gazette ohne Tenside ist und „das Zauberwort, bei dem die moderne Frau einfach schwach wird".

„Schon Cleopatra hätte ... "

Nein unsere Gazette ist einfach Unterhaltung und ein guter Überblick für ein ausgewogenes, spannendes und unterhaltsames Tages und Abendprogramm, was will man mehr?

(13.11.1990)

Zuerst Valerian /
Lifestyle

Das ist jetzt also der neue Lifestyle. Statussymbole sind wieder ungemein im Kommen. War es noch vor kurzem „Hipp" Golf zu spielen und mehrmals im Monat in der Klatschspalte irgendeiner Zeitung zu stehen, sind jetzt wieder ganz andere Dinge gefragt. Am besten sind Armbanduhren, die vor 1940 produziert wurden, oder eine Sammler-Swatch. Geheime Telefon- und Faxnummern. Stets drei Tausender in der Brieftasche: Mark, Franken und Dollar.

Manchmal fragt man sich, wer sich das immer alles ausdenkt und vor allem, wer hat das eigentlich zu bestimmen, ob rote Strümpfe „In" und blaue Strohhüte „Out" sind? Mich hat jedenfalls noch nie irgend jemand gefragt. Da zwingt sich doch die Meinung auf, dass immer Dinge „In" sind, die sich als Ladenhüter in den Regalen breitmachen. Sozusagen: Unterbewusste Verkaufsförderung der Industrie. Aha, diese „In und Out"-Listen werden also bestimmt von der Industrie gemacht. Möchte mal wissen, wann Seidenhemden, Farbkopierer und Faxgeräte „In" sind, dann leg' ich mir nämlich noch schnell einen Vorrat an. Ist erst mal was „In", ist es erstens schwer zu bekommen und zweitens doppelt so teuer wie gewöhnlich.

Raffiniert gemacht, nicht wahr?

(03.12.1990)

Zuerst Valerian /
Tanztee

Könnt Ihr Euch das bei der heutigen Bum-Bum-Musik noch vorstellen?

Ein Lokal mit schummriger Beleuchtung, die die ersten ergrauten Haare vertuscht und jede Falte als beginnendes Fältchen herunterspielt. Langsame, verträumte Musik von einem netten Orchester, das älter ist als die Musik, die es spielt. Überall auf den Tischen stehen Kerzen und verbreiten eine wohlige, heimische Atmosphäre. Man trinkt Wein, Likör oder bei besonderen Anlässen schon mal ein Fläschchen Sekt. Die Gespräche sind dezent, belanglos, aber verbindlich und hier und da tanzen eng umschlungen einige Pärchen auf dem Hochglanzparkett, immer darauf bedacht, dem anderen nicht auf die Füße zu treten – in dieser oder jener Hinsicht. Bei den heutigen Laser-Shows verblasst die Erinnerung an die alte, staubige Spiegelkugel, die sich langsam und gemächlich über der Tanzfläche dreht. Ach, wo ist sie hin, die Zeit der Tanzlokale und Candle-Light-Partys – mit oder ohne einsames Herz?

(19.12.1990)

Zuletzt Valerian /

„Welche Farbe
hat Ihr Kater?"

Zuerst Valerian /
Fuerte

Zwei Jahre im Club Fuerteventura. Wenn ich jetzt darüber nachdenke, waren es zwei sehr kurze Jahre. Zwei Jahre, die ich nicht mehr missen möchte. Die Arbeit, der Club und die Insel sind ein Teil von mir geworden. Immer wieder gab es in diesen zwei Jahren Höhen und Tiefen – aber im Ganzen waren sie notwendig für mich. Sie haben mich geformt und geprägt, so wie einst das Wetter das Landschaftsbild dieser Insel prägte. Abschied heißt immer, dass man Dinge und Freunde zurück lässt. Aus diesem Grund möchte ich in meiner „letzten" Kolumne eines von meinen Gedichten drucken.

„Fuerte"
Ich weiß, es gibt vielleicht kein nächstes Mal, und Wehmut steigt in mir auf. In wenigen Stunden wird dies alles Vergangenheit sein, für mich nur noch eine Erinnerung. Wird der Wind nachts vielleicht meinen Namen rufen, wird die Brandung des Meeres vielleicht eine Melodie singen, die ich einst gesungen habe? Werden die Berge bei Sonnenaufgang eine Farbe tragen, die ich einst getragen habe? Werden die Wolken Bilder widerspiegeln, die ich einst gesehen habe und werden die zarten Blüten der Blumen nach dem nächsten Regen wieder einen Duft haben, den ich verwendete?

Werden mir die Palmen traurig nachwinken oder werden sie mich verlachen?
Wird es Menschen geben, die sich an mich erinnern? Wird der Mond wieder bizarre Schattenbilder an die weißen Häuserwände werfen? Wird es irgend etwas geben, das mir bleibt nach dieser Zeit? Ich werde „nie mehr zurückkehren, um dies zu erfahren".

Gewidmet allen spanischen Kollegen und Kolleginnen, der Crew, all meinen guten Freunden und – Fuerteventura.

(04.01.1991)

Zuletzt Valerian /

„Ende gut, alles gut!"

Zuletzt Valerian /

„Habe meine rosarote Brille verloren. Bitte in der Redaktion abgeben!"

Interview /

D. W.   Animation – das ist der „Traumjob" vieler junger Menschen, was steckt wirklich dahinter? Wir fragen Valerian. Stimmt es, dass es unbegrenzte Freizeit gibt und der Animateur am Strand liegt?

VALERIAN   Gewiss nicht. Wir haben einen freien Tag in der Woche. Der Rest ist Arbeitszeit von zehn bis zwölf Stunden täglich. Dazu muss gesagt werden: Mittagessen, Abendessen usw. gehören zur Arbeitszeit, da man eine Gastgeberfunktion wahrnimmt und für den Gast da sein sollte.

D. W.   Das Image von unendlicher Freizeit stimmt also nicht und wie sieht es mit dem Vorwurf aus, Animateure seien Aussteiger, die in Ihrem Heimatland nicht zurechtkommen und keinen Berufsabschluß haben?

VALERIAN   Das ist das dümmste, was ich je gehört habe. Alle, die hier arbeiten, haben eine abgeschlossene Ausbildung und sind gewiss keine Aussteiger. Ich denke, solche Äußerungen kommen von Menschen, die Vorurteilen gerne den Vorzug geben, anstatt sich mit der Situation auseinander zu setzen. Der Weg ist ja auch einfacher – ab in die Schublade.

D. W.   Hinter all dem scheint ein aufwendiges Konzept zu stehen?

VALERIAN   Ja, es gibt ein Programmraster, damit jeder weiß, was er zu tun hat. Bei 25 Leuten in der Crew muss das schon organisiert werden. Es ist viel Disziplin notwendig, um die vielen Sport- und Unterhaltungsprogramme zu koordinieren, damit es für den Gast Spaß bringt und locker und unverkrampft ´rüber kommt.

D. W.   In Deiner Clubzeitung GAZETTE greifst Du teilweise Themen auf, die nicht so in einen Urlaub passen, zum Beispiel der Dreck in der Nordsee – gibt es da nicht Kritik von Seiten der Gäste?

VALERIAN   Klar, Kritik gibt es hin und wieder. Das zeigt mir nur, dass meine Zeitung auch gelesen wird. Ich denke, nur weil man im Urlaub ist, kann man seine Augen nicht vor allem verschließen. Und, ich schreibe diese Geschichten ja auch auf meine eigene Art und Weise und übernehme nicht Fakten aus den Tageszeitungen.

D. W.   Im Club hast Du auch Bühnenshows wie „Traumzeit" und „Irgendwo in der Tiefe" geschrieben. Beide Shows haben trotz ihrer kindlich dargestellten Thematik eine Botschaft. Was war das Ziel dabei?

VALERIAN   Es sind Märchen für Kinder und vor allem für Erwachsene. Ich glaube, gerade durch den „kindlichen Touch" sind sie besser verständlich. Während die „Traumzeit" erklärt, wie sehr uns die Zeit im Griff hat, geht „Irgendwo in der Tiefe" schon etwas tiefer. Der Fischer sucht das versunkene Atlantis, aber er erkennt, dass er es nur in sich selbst finden kann – und das geht uns Menschen doch allen so, dass wir etwas, was wir suchen, nur tief in uns selbst finden.

D. W.   Nochmals zurück zum Thema Kritik. Ist der Animateur der Sündenbock für Dinge, die schief gehen?

VALERIAN   So kann man das nicht sagen. Gewiss, man ist der unmittelbare Ansprechpartner für die Gäste und bekommt auch teilweise Dinge zu hören, die mit der Arbeit eines Animateurs nichts zu tun haben. Man muss dann nach geeigneten Lösungswegen suchen.

D. W.   Ich stelle mir vor, dass man bei solchen „Angriffen" teilweise aus der Haut fahren könnte. Darf man das als Animateur?

VALERIAN   Man darf es nicht. Man ist der Gastgeber im Club. Natürlich kenne ich solche Angriffe, die auch mal auf einen persönlich bezogen werden. Man hat mit Menschen zu tun und ich denke dann: Vergeben und vergessen. So rettet man sich vor einer emotionalen Explosion.

D. W.   Bestimmt sehr schwierig stelle ich es mir vor, jeden Tag fröhlich zu sein. Wie siehst Du das?

VALERIAN   Klar sollte man fröhlich sein und gute Stimmung verbreiten. Lange Gesichter haben die Leute ja das ganze Jahr zu Hause. Es ist manchmal sehr anstrengend, man ist ja auch nur ein Mensch und hat auch mal einen miesen Tag. Das muss man dann so gut es geht „überspielen".

D. W.   Aber dieses „Überspielen" ist doch sehr unehrlich sich selbst gegenüber, oder etwa nicht?

VALERIAN Nein, eigentlich nicht. Man muss sich ja in jedem Beruf zusammennehmen. Disziplin! Klar man kann auch sagen „Also Kinder, ich habe heute einen total besch ... Tag", dazu gehört allerdings ein bisschen Fingerspitzengefühl.

D. W. Man steht also immer im Blickpunkt aller. Wie sieht es da mit der Privatsphäre aus?

VALERIAN Als Animateur ist man eine „öffentliche Einrichtung". Man hat nur wenig Privatsphäre. Jeder schafft sich da einen gewissen Ausgleich. Ich versuche es mit Meditation und positivem Denken.

D. W. Ganz persönlich, was gibt Dir Dein Job?

VALERIAN Er bietet mir eine enorme Freiheit, kreativ zu arbeiten. Ich kann hier Dinge tun, die ich in Deutschland niemals als Beruf machen könnte, weil man dazu Beziehungen oder eine spezielle Ausbildung braucht. Zum Beispiel die Sache mit der Zeitung oder als Regisseur ...
Ich bin durch diesen Job aber auch sehr selbstständig geworden und habe gelernt, aus „Nichts" etwas zu machen. Man bekommt ein gutes Organisationstalent, wird sehr selbstsicher und schult sich auch im Umgang mit Menschen.

D. W. Und wie lange kann man diesen Job machen?

VALERIAN Keine Ahnung! Ich habe Leute kennengelernt, die das sieben Jahre gemacht haben und andere, die nur zwei Wochen hier waren. Ich glaube, das hängt von jedem selbst ab. Von den eigenen Erwartungen und Prioritäten, die man sich in seinem Leben setzt. Es ist immer gut, wenn man sich ein Ziel setzt. Sollte dabei dennoch früher aufhören, wenn man merkt, dass man nicht mehr hinter dem steht, was man da „verkauft".

D. W. Also ein idealistischer Job?

VALERIAN Auf jeden Fall. Man darf nicht anfangen, das Gehalt mit den Arbeitsstunden aufzurechnen. Man sollte es gerne machen! Immer wieder bereit, neue Situationen zu meistern und im Team neue Ideen zu realisieren.

D. W.   Nun lebt man im Club in einer, wie Du selbst sagst „Seifenblase" von Urlaubsstimmung und guter Laune. Wie sieht das Verhältnis zur Realität, zum „normalen" Leben im Alltag aus?

VALERIAN   Man sollte das „normale" Leben nicht vergessen. Wichtig dabei ist, dass man soviel Information mitbekommt, wie es nur möglich ist. Man muss sich zwingen, wenigstens einmal in der Woche eine anspruchsvolle Tageszeitung zu lesen, um zu wissen, was in der Welt passiert. Animateure, die das nicht tun und nur in den Tag hineinleben, kann ich da persönlich nur bedauern.

D. W.   Gibt es in der Crew bei soviel Leuten eigentlich auch mal Krach?

VALERIAN   Klar, man arbeitet jeden Tag zusammen. Da fliegen schon mal die Fetzen, aber dann ist die Luft gereinigt und es geht „Hand in Hand" weiter. Das kommt halt vor, wenn man mit Menschen arbeitet, jeder hat seinen eigenen Charakter, seinen eigenen Kopf und eigene Vorstellungen.

D. W.   Ist Animateur noch der Traumjob, jetzt nachdem Du hier arbeitest?

VALERIAN   Wer hat das erzählt? Es war für mich nie ein Traumjob! Es ist eine kreative Arbeit, die man machen kann. Nichts in Sachen Arbeit ist je ein „Traumjob". Ich glaube, so etwas gibt es gar nicht. Es ist vielleicht ein Traum, mal irgendwann einen bestimmten Job zu machen – aber, ob das dann ein „Traumjob" ist, wage ich zu bezweifeln.

D. W.   Gibt es Wünsche für Deine Arbeit?

VALERIAN   Ja, alle die denken es sei ein Faulenzerjob, sollen es mal ein Jahr ausprobieren. Das zweite und wichtigste, was ich mir wünsche, sind nette, aufgeschlossene Gäste, die unsere Arbeit mögen und respektieren.

D. W.   Jetzt ist Dein erstes Buch mit den besten Kolumnen in Arbeit, welche Pläne gibt es für die Zukunft?

VALERIAN   Ich möchte so bald wie möglich mit meinem zweiten Buch beginnen, und dann habe ich schon einige Ideen für eine neue Bühnenshow. Mehr möchte ich aber noch nicht verraten.

D. W.   Wieder ein Buch mit witzigen Sprüchen und Kolumnen?

VALERIAN   Nein, ich möchte den Leuten zeigen, dass ich viele Facetten habe. Es wird ein Buch mit nachdenklichen Geschichten und Gedichten werden.

D. W.   Wir freuen uns schon darauf, vielen Dank Valerian für dieses Gespräch.

Das Interview mit Valerian wurde im Januar 1991 für die Deutsche Welle auf Fuerteventura geführt.

Zuletzt Valerian /

„Horoskop: Fische – am besten in Sahnesauce."

Zuletzt Valerian /

„Lieber Leben
als Lifestyle!“

Pressestimmen /

... und weil die Ferien zwar entspannend sein dürfen, nicht aber ganz aus der Realität führen sollen, hat Olaf-Valerian Wagner als „Chefredakteur" der Clubzeitschrift auch kritisches an die SonnenanbeterInnen gebracht. Zum Beispiel das Problem mit den Kreditkarten oder auch mal der Dreck in der Nordsee – von der Fuerteventura ja weit genug entfernt ist...
(Wiesbadener Kurier, Nr. 34, 9./10.02.1991)

... zwei von Ihnen sind hervorragende Schauspieler. Marks Michael Jackson-Parodie und Valerians Tina Turner-Imitation sind zwei Nummern, die sich auch im Pariser „Crazy Horse" sehen lassen können...
(Reise Kurier, 10.11.1998)

... unter dem Titel „Zuerst Valerian" arbeitet das vielseitige Multitalent auf ironische und provozierende Weise verschiedene aktuelle Themen auf. Seine besten Veröffentlichungen zusammen mit einem Hintergrundbericht über die Realität in der Touristik-branche und dem harten Job als Animateur als Taschenbuch. Der Titel „Zuerst Valerian".
(Erbenheimer Anzeiger, Nr. 12, 22.03.1991)

... Ach, „man hat die Leute irgendwie gerne", klagt Redakteur Valerian in der täglich ausliegenden Club-Gazette zum Thema wöchentliches Abschied nehmen...
(Frankfurter Rundschau/Magazin, Samstag, 08.04.1989)

... Einen Querschnitt aus seinen Kolumnen bringt Olaf Wagner demnächst als Buch „Zuerst Valerian" heraus. Wieder in Deutschland, nutzt er die Zeit, um das Buch auf den Markt zu bringen. Im März sollte es in die Türkei gehen, doch wegen des Golfkrieges heißt es für ihn wahrscheinlich: Zwangspause in Deutschland...
(Wiesbadener Tagblatt, Nr. 39, 15.02.1991)

... Eure Club-Gazette mit eurem Redakteur Valerian geht
mir beim Frühstück schon sehr ab, ..., aber wie es mit seinen
Haarproblemen, über die er uns täglich berichtet weiter geht,
hätte mich schon brennend interessiert ...
(AZ, München, Reise-Extra, Seite 1, 01./02.04.1989)

... Als Chefredakteur der „Gazette" schrieb er eine Kolumne, die
den Informationssalat aufgegriffen hat, der nicht nur Urlauber,
sondern jedermann täglich berieselt. Von Königshäusern,
Ozonlöchern, Tennisaffären und „In-Treffs" schreibt er mit einer
kräftigen Portion Ironie, manchmal schreibt er sich auch schlicht
etwas von der Seele, in jedem Fall liest sich „Zuerst Valerian"
locker-leicht und flüssig. Wer das Buch mit in den Urlaub
nehmen will, hat es sicherlich schon während der Wartezeit am
Flughafen verschlungen, doch lohnt sich ein zweiter Durchgang
immer.
(Der Wiesbadener, August 1991, Seite 17, Nr. 08, 22. Jahrgang)